Elogios para Simon T. Bailey

"El alma de Simon quiere ayudarte a crear un futuro digno de ti. Ya sea que lo veas, lo escuches o lo leas, disfrutarás del mensaje de Simon, y te inspirará para ser, hacer y tener todo lo que desees. Simon es una voz original que te estimula a reconocer que eres brillante y tienes un potencial ilimitado. Serás infinitamente mejor después de leer este libro."

—Mark Victor Hansen, autor, *Chicken Soup for the Soul*

"Como director de una compañía con 4,000 asociados que vende más libros en aeropuertos que ningún otro vendedor, he leído muchos libros de autoayuda. Puedo decir que en mi experiencia, *Revela tu brillo* es único e inigualable."

—Joe DiDominizio, Ejecutivo de Operaciones, Hudson Group

"Este libro es una luz que guía a aquéllos que buscan la superación personal y dan un paso afuera de su zona de confort con determinación. Bailey motiva a su lector a ser brillante por el brillo mismo."

—Marilyn D. Jonson, Vicepresidenta, IBM

"Cuando lees la obra de Simon Bailey, te impresionarás ante su asombrosa habilidad para informar y entretener al mismo tiempo. Sus recomendaciones son tanto sensatas como profundas. Aún más, te mantiene cautivado mientras entreteje sus historias con prácticas e implementables medidas a tomar que puedes comenzar a aplicar inmediatamente."

—Philip Berry, Vicepresidente y Ejecutivo de Operaciones, Global Workplace Initatives, Colgate Palmolive.

"Tanto si eres presidente de una compañía como si aspiras a serlo, tú eres el único capaz de guiarte hacia nuevas formas de ser, hacer y tener. Simon Bailey ayuda a desentrañar el misterio de ese proceso. Te esperan tesoros internos. Libera tu brillo y encuéntralos."

—Jane Toombs, Directora Ejecutiva,
CEO Council de Tampa Bay (Florida)

"He leído y releído *Revela tu brillo*, descubriendo maravillosas joyitas de inspiración a cada vuelta de página. Es especialmente significativa la manera franca y personal en que está escrito el libro, ¡casi como si estuviera sentado allí oyendo a Simon darnos el mensaje!"

—Andrew Martinez, Presidente y Director Ejecutivo,
The Greater Austin Hispanic Chamber of Commerce

© Michael Cairns

SIMON T. BAILEY es un orador, escritor y consultor de fama internacional y un "catalizador para el brillo" que invita a la gente a cambiar su manera de pensar y su mundo desde dentro hacia fuera. Renunció a su exitosa y bien remunerada carrera en Disney para fundar The Brilliance Institute basado en su idea aparentemente simple, pero extraordinariamente poderosa, de que todos tenemos un brillo adentro que quiere ser revelado. Simon es una voz fresca que les ha enseñado a más de un cuarto de millón de personas de todo el mundo el mismo sistema transformacional que usó para darle nueva forma a su vida. Con sus consejos ayuda a las organizaciones a lograr productividad e incrementar la retención de emplea-dos, lo que en última instancia conduce a un brillante saldo final. Entre sus clientes hay ejecutivos, compañías Fortune 500 y asociaciones nacionales de los Estados Unidos y del exterior. Vive en Windermere, Florida, con su esposa y sus dos hijos.

www.simontbailey.com

Revela tu brillo

Revela tu brillo

Los cuatro pasos para transformar tu vida y revelar lo mejor de ti

SIMON T. BAILEY

Traducción del inglés por Rosana Elizalde

 Una rama de HarperCollins*Publishers*

Diseño del libro por Renato Stanisic

Este libro fue publicado originalmente en inglés en el año 2008
por Collins, una rama de HarperCollins Publishers.

PRIMERA EDICIÓN RAYO, 2008

Library of Congress ha catalogado la edición en inglés.

ISBN: 978-0-06-158447-3

11 12 DIX/RRD 10 9 8 7 6 5 4 3 2

A mi padre: Tú eres el mejor papá del mundo entero. Gracias por enseñarme a ser un verdadero hombre. Eres mi héroe, mi modelo y mi maestro. Quiero que los hijos de Daniel y de Madison sean como tú y mamá. ¡Te amo, Papá, porque eres brillante!

A mi madre: Tú ya me decías que era especial cuando todavía era una pequeña semilla en tu vientre. A medida que me aproximo a los cuarenta años de estar sobre esta tierra, me doy cuenta de que tú eres la que es realmente especial. Gracias por ser brillante. Te amo.

CONTENIDO

UN DIAMANTE
EN BRUTO

**"CADA UNO DE NOSOTROS ES COMO UN DIAMANTE,
Y CADA UNO DE NOSOTROS TIENE EL POTENCIAL
PARA SER BRILLANTE"**

Tienes en tus manos un libro que puede transformar tu vida. ¿Por qué lo sé? Porque los conceptos e ideas presentados aquí cambiaron mi vida para siempre. *Revela tu brillo* es un sistema completo de transformación. Así como un cortador experto da nueva forma a una piedra en bruto, transformándola en un diamante brillante, tú puedes usar este sistema para darle nueva forma a tu vida, abrir tu profunda bóveda interior, y revelar tu brillo de diamante al mundo.

Este libro es para todos los diamantes en bruto que quieren revelar su brillo. Si tú...

...buscas un significado espiritual más profundo en la vida;

...estás contra la pared (profesional, personal, física o emocionalmente);

...sientes que tienes potencial para hacer algo grandioso con tu vida, pero no tienes idea de qué podría ser;

...deseas descubrir qué puedes ofrecer al lugar de trabajo global en permanente cambio;

...anhelas tener relaciones auténticas;

...crees que el resto de tu vida será lo mejor de tu vida;

...reconoces tu misión divina y estás contento, pero quieres contribuir aún más;

...te sientes insatisfecho en tu carrera y trabajas sólo por el sueldo y los beneficios;

...echas de menos la diversión y el entusiasmo de la vida;

...sientes que estás constantemente desanimado;

...quieres intentar superarte y crecer como persona;

Entonces te invito a embarcarte en esta transformación conmigo.

¿Te has preguntado por qué aparentemente algunas personas consiguen todas las posibilidades, obtienen todas las buenas miradas, encuentran todas las grandes oportunidades, y logran todo el éxito que desean? Ellos viven sus vidas de un modo tal que las personas dejan marcado un sendero hasta el umbral de sus puertas. Muchas veces me he cuestionado eso. ¿Por qué ellos sí y yo no?

En realidad, me estuve preguntando eso durante los primeros treinta y dos años de mi vida mientras luchaba con la desilusión, el abatimiento, el desconsuelo y la desesperación. Sentía que mi vida era un error. Era como si hubiese estado viviendo en un páramo, solo y desconectado de la sociedad. Trataba de integrarme y de gustarle a la gente, pero ni yo mismo me gustaba. No tenía autoestima, confianza en mí mismo, ni me valoraba. A menudo me preguntaba si no sería mejor estar muerto.

Yo vivía en un mundo en el que a los jóvenes negros se los

describía típicamente como drogadictos, delincuentes, marginados y padres irresponsables. ¿Era eso a lo que yo aspiraba? Había pocas probabilidades de que los hombres negros tuvieran éxito en Estados Unidos. Creía que mi color era una maldición. Cuando pequeño, otro niño me dijo una vez que yo era "negro como el alquitrán y feo como la mugre". Estas palabras penetraron en mi corazón. Quienquiera que diga que las palabras no pueden herirte ¡está rotundamente equivocado!

Creía que si mi piel hubiese sido blanca, mi cabello rubio y mis ojos azules, habría sido aceptado. Estaba molesto con mis padres y deseaba haber nacido en una familia blanca. Todo lo que era descrito en los medios de comunicación, todo lo que veía en mi barrio y en mi escuela, implicaba que lo blanco era bueno y lo negro, malo. Estaba viviendo en el gueto, no precisamente un gueto físico, sino uno mental. Creía que era imposible para mí tener éxito en nada. Era un joven luchando por encontrar su lugar en el mundo y darle sentido a todo eso. Hubo muchas noches en las que yacía despierto mirando el techo, preguntándome, "¿Qué será de mi vida? ¿En qué me convertiré?". Mi vida se transformó cuando encontré al entrenador de vida Dr. Mark Chironna. Él me dijo, "Has estado atrapado en tu cuerpo y en tu mente, actuando como si hubieses sido maldecido por el color de tu piel. No has nacido para conformarte. *Naciste para ser brillante.*" Él vio mi dolor desde el principio y me convenció de que era hora de dejar que mi luz brillara. Yo sabía íntimamente que había nacido para más, pero no sabía cómo liberarme de las ideas que me paralizaban.

El Dr. Chironna me invitó a aceptar la realidad y la verdad

eterna de que el negro —como todos los colores— es realmente bello. Él sabe que esto es verdad porque, aunque es un hombre blanco, él y su esposa han adoptado dos niños afroamericanos. Me alentó a encontrar, definir y dar forma a mis talentos y habilidades esenciales. Aquel día —que nunca olvidaré— lloré como un bebé, desahogando mi dolor hasta que ya no pude llorar más.

Acepté su invitación y comencé un plan intensivo para reformular mi mundo. Leía libros, llevaba un diario, participaba activamente de sesiones de entrenamiento para la vida y seguía la dura tarea de lidiar con mi dolor. Me di cuenta de que nada iba a cambiar en mi vida hasta que *yo* cambiara. Tenía que transformar mis pensamientos, mis creencias y mis acciones, y asumir la responsabilidad de las áreas centrales de mi vida. Lloré, reí, examiné mi vida, y trabajé —*duro*— por siete años seguidos.

La transformación ha sido todo un milagro, aunque sea yo el que lo diga. Puse en orden mi caótico mundo interior. Aprendí a perdonarme y a no revolcarme en el lodo. Me llené de fe, confianza y esperanza en el futuro. Hoy vivo mi vida de acuerdo a un diseño y no por casualidad. Vivo con una esperanza brillante: espero tener experiencias increíbles cada hora de cada día. Y he tenido la suerte de poder contactarme con algunas de las personas más brillantes del planeta. Verdaderamente, cada día es un don precioso.

Durante mi transformación de siete años, sentí curiosidad por lo que había dicho el Dr. Chironna, que yo había nacido para ser brillante. Quería entender cómo podía haber nacido brillante y sin embargo ser tan oscuro y opaco a mis treinta y dos años. Un día, encontré una pista en un libro que estaba leyendo, llamado *Acres of Diamonds*, de Russell Conwell. Su sencillo mensaje transformó mi manera de pensar y tuve una revelación: *cada uno de nosotros es como un diamante, y cada uno de nosotros tiene el potencial de ser brillante.* Estaba intrigado, entonces comencé a investigar sobre los diamantes. Cuanto más conocía, más me daba cuenta de que un diamante es la metáfora perfecta para entender cómo podemos convertirnos en todo aquello para lo que hemos nacido.

Un diamante comienza como carbón en el magma líquido, en las profundidades de la Tierra. Luego sufre una transformación evolutiva absolutamente increíble, primero para convertirse en piedra "en bruto" y, en última instancia, en la gema exquisita que tanto valoramos.

TRANSFORMACIÓN EVOLUTIVA

La evolución es un proceso de cambio de un estado inferior, más simple, a otro superior, más complejo y mejor.

Transformarse significa cambiar de forma, naturaleza o función.

Así como un diamante se transforma de carbón en piedra en bruto y luego en gema deslumbrante, nosotros, también, podemos sufrir una transformación evolutiva. Ningún otro animal sobre el planeta puede transformarse a sí mismo y a sus circunstancias como puede hacerlo el ser humano. No importa dónde estés en tu vida, no importa lo que te haya sucedido en el pasado, tienes el potencial de transformarte en un diamante brillante. Tu geografía y biografía no determinan tu destino. Cualquiera sea tu punto de partida, tú *puedes* evolucionar a un estado más elevado y mejor.

Mi investigación me llevó aún a más preguntas: ¿Qué es el brillo? ¿Qué papel juega en la vida?

Para expresarlo simplemente, *revelar tu brillo* significa revelar la genialidad que hay en ti. Es vivir de adentro hacia afuera, encontrando la luz de tu interior y dejándola brillar para que el resto del mundo la vea. Es descubrir y usar tus talentos excepcionales y tu inteligencia pura, intuitiva.

Entre las muchas características que contribuyen a la belleza del diamante, el brillo es la más importante, sin duda. El brillo es la vida del diamante; la explosión de luz blanca, el destello y la chispa es lo que atrapa nuestra atención. Todos nos damos cuenta cuando estamos ante un diamante brillante, parece estallar de luz, provocando expresiones de admiración en todos los que están cerca.

Y lo mismo sucede cuando revelas *tu* brillo. Tienes una energía vibrante que atrae la atención de los que te rodean. Tú tienes "eso", una cualidad especial, inconfundible, que es difícil de describir. Es más que la presencia, el carisma o el entusiasmo. Es algo mucho más grande y profundo. El brillo no tiene que ver con impactar a la gente, sino con permitir que tu luz brille e ilumine la oscuridad de los demás.

¿Por qué es importante revelar tu luz? Bueno, consideremos qué pasa cuando *no* revelas tu brillo. Cuando vives sin mostrar tu brillo, te desconectas de la vida. Vives y trabajas para cubrir tus necesidades diarias más que para maximizar tu potencial. Simplemente pasas de día en día, sin mucha pasión o entusiasmo. Mientras tanto, tus talentos permanecen sin explotar, sepultados en tu interior. Éste es un modo de vida horroroso. Y afecta a las personas que más quieres: tu familia y amigos.

La vida no debería ser de ese modo, y no tiene que serlo. Cuando revelas tu brillo, te sientes vivo, conectado y elevado. Usas tus talentos y dones para infundir vida a todo y a todos a tu alrededor. Tu familia, amigos, colegas, y hasta la compañía donde trabajas, todos se benefician con tu brillo. Imagina lo que sucedería si cada persona sobre la tierra simplemente se concentrara en revelar su brillo. Ciertamente, el planeta experimentaría una transformación evolutiva diferente a cualquier cosa que la humanidad ya haya visto.

Cuando finalmente acepté y comencé a explotar mis dones, talentos y habilidades esenciales, las compuertas se abrieron para mí. Encontré mi genialidad. Descubrí cómo revelar mi brillo y descubrí que los diamantes son ciertamente para siempre.

A través de mi trabajo, me he conectado con decenas de miles de personas, algunas directamente, otras a través de correos electrónicos, y muchas a través del teléfono. A menudo me entristece escuchar a gente que se siente atrapada. He perdido la cuenta de las horas que he pasado escuchando a hombres y mujeres inteligentes explicar cuán frustrados se sienten en sus vidas. Muchos de ellos fueron entusiastas y brillantes en algún momento, pero en algún punto de su camino perdieron su energía.

Estas experiencias me dejaron pensando: si cada uno de nosotros tiene el potencial para revelar el brillo de su diamante interior, ¿por qué la mayor parte de nosotros no lo hace? ¿Por qué algunas personas brillan mientras que otras no? La pregunta me llevó a hacer más investigación, como también a una mayor introspección y un análisis minucioso de mi propia vida. Finalmente, descubrí lo que creo que es la respuesta. *Porque hemos olvidado cómo brillar. Hemos olvidado que en realidad somos valiosos diamantes con brillo propio.*

Todo niño nace con brillo. Ninguno es pasado por alto. Ninguno carece de ese toque. La esencia del brillo está en todos nosotros, también en ti. Cuando somos jovencitos, el mundo aprecia y celebra nuestra genialidad, nuestros dones y talentos especiales. Pero a medida que crecemos, nuestro brillo pierde su lustre.

Howard Gardner, Profesor de Educación en Harvard, ha estudiado la inteligencia por más de veinte años y ha desarrollado métodos para examinar las múltiples inteligencias humanas desde el nacimiento hasta la adultez. (Para más información sobre esta investigación, lee el libro *Frames of Mind: The Theory of Multiple Intelligences.*) A través de su investigación, Gardner y sus colegas descubrieron que casi todos los niños que examinaban tenían nivel de genios a la edad de cuatro años. Sin embargo, cuando llegaban a los veinte años, sólo el diez por ciento de esos mismos niños se mantenía al nivel de genios y, pasados los veinte años, ¡el número caía al 2 por ciento!

Esto nos hace preguntarnos: ¿Qué pasó con la genialidad de los niños? ¿Dónde fue a parar?

En verdad, no se fue a ningún lado. Está aún allí, pero está escondida en lo profundo de su ser. La gente nace brillante y luego, el resto de su vida su brillo es sepultado por casi todas las personas que los rodean.

Cuando somos niños y estamos lanzándonos rampa arriba para explorar todas las maravillas espectaculares del gran mundo que nos rodea, ese mundo comienza a imponernos sus juicios. Nuestros padres, aunque lo hacen con la mejor intención, son los primeros en reprimir nuestra genialidad con sus palabras: "¡Sé bueno!" "¡Deja eso!" "¡No puedes hacer eso!" "¡No me importa lo que pienses, sólo haz lo que te digo!" Cuando vamos a la escuela, nuestros maestros y compañeros se unen: "¡Coloreen dentro de las líneas!" "¡Háganlo de este modo!" "Esa es una pregunta tonta." "¡No lo estás haciendo bien!"

Hasta que van a la escuela, los niños son increíblemente curiosos. Irónicamente, la escuela a menudo desalienta la curiosidad porque estimula la conformidad, y la conformidad nos roba nuestra creatividad. Lamentablemente, para tener éxito en nuestro sistema de educación tradicional, a menudo debemos ignorar nuestra genialidad. Es casi como si cuanto más educados estamos, más difuso se vuelve nuestro brillo. El escritor R.S. Ingersoll dijo una vez, "Los colegios son esos lugares donde se les saca lustre a los guijarros, y se empañan los diamantes".

Claramente, nuestros padres y maestros no tienen la intención de lastimarnos. En realidad, es justamente lo contrario: quieren protegernos y ayudarnos. Y, por supuesto, lo logran en gran parte. Y sin embargo, hay algunos aspectos de nuestra educación que reducen y limitan nuestro brillo. Gradualmente, vamos creyendo que somos capaces de menos y menos cosas. Finalmente, ha pasado tanto tiempo desde que nuestro brillo se dejaba ver, que no podemos recordar qué se sentía, y, hasta nos olvidamos de que alguna vez tuvimos genialidad y talentos especiales.

Pero el alma no olvida.

Ella sabe que el mundo necesita tus dones excepcionales. Toma tu brillo y lo guarda bajo llave en una profunda bóveda interior para tenerlo a resguardo hasta que pueda brillar nuevamente.

A medida que pasan los años, otros insisten en decirte que tu genialidad no tiene ningún valor: tus jefes, amigos, cónyuges, ¡a veces hasta tus propios hijos! Nadie más reconoce tu brillo, ni siquiera tú.

Finalmente, te olvidas hasta de que existe tu bóveda interior.

Entonces te conformas con lo que eres, en vez de esforzarte por lograr ser aquello para lo que naciste. Te conviertes en una "cebra más en la manada" y te comparas con todos los demás. John Mason, autor de *An Enemy Called Average*, lo escribió de este modo: "Las personas nacen originales, pero mueren siendo copias".

Si eres como la mayoría, probablemente experimentes pequeños momentos en los que tu bóveda se abre y un atisbo de tu brillo se libera. En esos momentos de inspiración, cuando alcanzas a vislumbrar algo de tu destino, te sientes plenamente vivo, con energía, conectado, fluyendo. Y luego la bóveda se cierra de un portazo nuevamente. Y como no conoces la combinación, no puedes volver a abrirla. Entonces vuelves a tu comodidad, conformándote con una existencia carente de lustre. *El sentimiento más frustrante del mundo es tocar lo que podría ser un futuro brillante y luego sentir que se escapa de tus manos.*

Ese es el problema. Tu brillo está bajo llave en una bóveda sepultada en tu interior, y tú, hace años que has dejado de buscar la combinación. No ha habido nadie que te ayudara a encontrar el modo de abrir esa bóveda y liberar tu brillo escondido. Hasta ahora…

Escribí este libro para darte la combinación de tu bóveda interior, para ayudarte a descubrir los dones y talentos preciosos que hay dentro de ti y para guiarte mientras transformas tu vida. Mi misión es hacer renacer la genialidad que hay en tu interior y reavivar la luz que se ha atenuado. Sé por mi experiencia que tú *puedes* abrir la bóveda. Puedes acceder al brillo que yace escondido en ti. Pero hacerlo requiere evaluar tu vida, que examines tus creencias y actúes sobre tus percepciones. Sólo tú puedes abrir la bóveda: debe ser abierta desde dentro.

A algunas personas les gustaría que creyeras que el éxito es poco común. Quizá son las mismas personas que dieron origen al mito de que los diamantes son poco comunes. No te dejes engañar por ninguna historia. En realidad, los diamantes naturales no son más raros que muchas otras gemas. De igual modo, el éxito no es raro, y tampoco es un privilegio reservado para personas especiales o con suerte. La verdad es que *tú* eres un diamante, y tienes el potencial para lograr éxitos brillantes. Sólo tienes que aprender a revelarlo.

Estoy seguro que has escuchado la expresión *diamante en bruto.* Según el *Merriam—Webster's Collegiate Dictionary,* significa "alguien que tiene cualidades excepcionales o potencial, pero carece de refinamiento o lustre". Cuando los diamantes son extraídos o encontrados, son verdaderamente muy toscos. Mirándolos, nunca podrías imaginar la deslumbrante belleza que existe en la piedra. Pero luego de ser cortada y pulida, la gema radiante se revela. De forma similar, el potencial para la grandeza ya existe en cada uno de nosotros. Heather Bonham, profesor de ciencia en Buffalo, New York, lo expresó elocuentemente de este modo en un artículo reciente: "Todos nosotros somos diamantes. Algunos de nosotros estamos todavía en el intenso proceso de ser presionados unos contra otros y purificados por el fuego. Otros, somos diamantes en bruto, esperando que el joyero pula nuestras aristas toscas y transforme nuestra superficie en facetas resplandecientes."

Amigo mío, donde quiera que estés en tu camino hacia el brillo, este libro tiene algo para ayudarte a pulir tu diamante y brillar aún con más luz. Te invito a hacer una transición a una fase de renacimiento en la cual tú abras nuevas puertas a oportunidades y creés nuevas realidades. En este tiempo de tu vida, tú

Recuperarás la conciencia de por qué naciste en este tiempo.

Reavivarás el fuego de la esperanza, la vida, el amor, la felicidad y la fe.

Recobrarás cada pizca de energía espiritual que se te haya escapado.

Renovarás tu fe para atravesar nuevas puertas hacia otras oportunidades.

Reconectarás tu ser con tus dones excepcionales y crearás tu futuro.

Muy a menudo en la vida esperamos que alguien nos dé permiso para hacer algo. Hoy, te estoy dando el "Adelante". Simon dice… *revela tu brillo.*

UNA GEMA PARA TI
*Tu geografía y biografía no determinan
tu destino.*

CORTAR
EL DIAMANTE

CÓMO USAR ESTE LIBRO PARA
REVELAR TU BRILLO

La mayoría de nosotros conoce al menos algo sobre los diamantes: Son deslumbrantes, valiosos y altamente preciados. Pero, ¿sabías que los diamantes provienen de una asombrosa evolución que los convierte en las gemas centelleantes que apreciamos? La mayoría de los diamantes que vemos hoy se formaron hace millones (si no miles de millones) de años cuando el carbón fue sometido a un calor y una presión muy intensos. Con el paso de los siglos, el carbón se cristalizó en diamante. Las poderosas erupciones de magma trajeron la mena portadora del diamante a una milla de la superficie de la tierra.

Aún después de que un diamante en bruto es extraído, debe pasar a través de un proceso prolongado y riguroso de refinamiento, tallado y pulido. La primera parada para la piedra en crudo es con el marcador, quien la examina cuidadosamente y marca dónde debería ser partida. Luego la piedra va al aserrador o al exfoliador, quienes hacen una misma tarea esencial: cortar el diamante para hacer aparecer el per-

fil que determinará su forma. El aserrado es un proceso prolongado. El exfoliado, hecho con el golpe preciso de un
martillo sobre una cuña contra la piedra, toma sólo un momento. Después, el diamante en bruto es procesado por cortadores sumamente especializados y habilidosos: El cortador
corta la forma general del diamante, y los abrillantadores
luego cortan y pulen las facetas.

Una faceta es una superficie plana que se corta en un diamante y luego se pule para incrementar el brillo y la belleza
del diamante. Las facetas de la corona (la parte superior del
diamante) y las facetas del pabellón (la parte inferior) son
refinadas en aún más facetas, dando como resultado un diamante totalmente pulido que puede tener un increíble número de facetas. Un diamante de corte radiante, por ejemplo,
tiene un total de setenta facetas.

El brillo de un diamante es definido como la reflexión
de luz blanca de sus facetas. Cada faceta está precisamente
ubicada y su forma definida con maestría para maximizar
el brillo de la piedra. La luz que rebota entre las facetas
crea fulguración: el destello y fuego que se ven cuando mueves un diamante a la luz. Cuanto más pulidas están las facetas, más luz puede pasar entre ellas y más puede brillar el
diamante.

El proceso para revelar tu brillo es muy similar al proceso
por el que pasa el diamante para transformarse de piedra en
bruto a gema pulida. Como lo hace el marcador, debes examinar tu vida detenidamente para decidir dónde es preciso
hacer cambios de modo que puedas desechar los aspectos
innecesarios, improductivos y nocivos. Durante el proceso

habrá momentos de descubrimiento, cuando algo de repente se vuelve claro como el cristal por primera vez. En esos momentos mágicos, será como si un exfoliador experto estuviera abriendo tu conciencia con un golpe certero, revelando el conocimiento que habías estado buscando.

Alcanzar el punto en el que puedes vivir tu brillo todos los días implica un proceso de cuatro pasos. Los cuatro factores que determinan la calidad del diamante representan los pasos que darás en tu transformación personal. El primer paso es buscar **Claridad** o comprensión profunda. El próximo es el **Color:** descubrir tus creencias puras y recuperar tu auténtica personalidad. El paso tres, **Corte**, consiste en tomar medidas enérgicas. El paso final es **Quilate:** decidir el tamaño de diamante que quieres ser.

En la Primera parte de este libro, descubrirás la fuente de tu brillo. En la Segunda parte, caminaré contigo paso a paso a través de las cuatro características, el proceso de revelación de tu potencial. Así como un diamante tiene muchas facetas, tú también las tienes: las distintas ideas, creencias y acciones que te hacen ser quien eres. En consecuencia, cada capítulo representa una faceta personal que debe ser pulida para descubrir la gema que eres *tú*.

Sin duda reconocerás algunos principios y conceptos que te resultan familiares. Ten en cuenta que no hay nada nuevo bajo el sol. Si es nuevo, no es cierto; y si es cierto, no es nuevo. Todas las verdades, percepciones y sabiduría ya existen en el universo, esperando a la voz que articule sus significados para tener un impacto en tu vida.

En la medida en que descubras cada faceta, las herramientas siguientes te ayudarán a iniciar tu transformación en diamante brillante:

- **Valoración personal.** Así como en la valoración que hace un joyero se calcula el valor de una pieza de joyería, la valoración personal te ayudará a identificar y clarificar tu importancia y valía. Cada pregunta te hará pensar y te alentará a buscar más profundamente en tu mina de brillo de diamante. Escribe la respuesta a cada pregunta y luego, periódicamente, revisa tus respuestas y evalúa tu progreso.
- **Pulir el diamante.** Esta herramienta implica realizar tres pasos: las llaves para liberar tu potencial. Como con un diamante, cuanto más pulas tus facetas, más brillo revelarás desde tu interior.
- **Una gema para ti.** Estas citas sintetizan la esencia de cada faceta y compendian el significado del mensaje. Enseña esta verdad a otros y tu luz brillará con más resplandor aún.

Diseminados a lo largo del libro, encontrarás pequeños pasajes llamados "Verdaderos diamantes". Estas historias ilustran cómo personas comunes han aplicado los conceptos y principios de este libro para abrir sus bóvedas interiores ocultas y revelar su brillo. Las historias pertenecen a personas que he encontrado por mi trabajo y a través de mi boletín informativo, que llega a miles de personas en todo el mundo. He cambiado sus nombres, de modo que ellos puedan compartir sus pensamientos más íntimos contigo sin perder su privacidad. Espero que sus experiencias te inspiren como lo hicieron conmigo.

Para obtener el mayor beneficio de *Revela tu brillo*, léelo entero de una sola vez. Luego decide el mejor modo de implementar el sistema transformacional en tu propia vida. El viaje será diferente para cada persona. Quizá quieras empezar por el principio y trabajar a través de las facetas en el orden en que están presentadas. O puedes encontrar que algunas facetas son más significativas en tu vida. Elige esos principios para practicar en primer término, ya que atenderán a tus necesidades más grandes. Actúa inmediatamente en el concepto que enciende el dinamismo de tu fuero interno y resuena en tu ser más íntimo. Luego muévete hacia la próxima faceta.

Trabaja a tu propio ritmo: Puedes completar una faceta cada semana o una cada mes. Este material te hará pensar, por lo tanto, dedicale a los ejercicios de valoración personal y pulido diario el tiempo que merecen. El único propósito de este libro es hacerte reflexionar sobre tu vida y considerar profundamente tu futuro. Eso lleva tiempo. No hay premio para los que terminen primero. Recuerda cuánto tiempo lleva crear un diamante, y cuán magníficos son los resultados. El premio es el diamante en el que te conviertes y todo lo que descubres sobre ti mismo durante el viaje.

Cualquiera sea el modo en que elijas implementar los conceptos, te aliento firmemente a encontrar un "compañero de tarea" que también lea el libro, de modo que ambos puedan compartir lo que están leyendo y las medidas que tomarán. El diamante es la sustancia más dura de la Tierra. Lo único que puede cortar a un diamante es otro diamante. La asociación que generen con tu compañero de tarea les permitirá ir pisándose los talones y mantenerse mutuamente en el camino hacia la revelación de vuestro brillo.

Piensa en tu compañero de tarea como si fuera tu abrillantador personal, aquel que te ayudará a tallar y pulir tus facetas. Un abrillantador pule un diamante colocándolo en un plato giratorio, ajustando la presión cuidadosamente para no dañarlo. Tu compañero de tarea hará lo mismo contigo. Él o ella te harán preguntas difíciles, mantendrá tus pies cerca del fuego, y ejercerá la presión justa y necesaria para maximizar el pulido de tus facetas.

Te sugiero que elijas a alguien a quien conozcas realmente bien y en cuyo criterio confíes. O, si prefieres, trabaja con un pequeño grupo de personas. Mucha gente encuentra que las dinámicas que se generan trabajando a través de procesos como éstos en pequeños grupos son particularmente emocionantes y valiosas. Sea cual fuere el enfoque que elijas, personal o grupal, sólo asegúrate de fijar horarios regulares para trabajar estos conceptos juntos.

Y por último, recuerda visitarme en www.releaseyour brilliance.com, donde puedes suscribirte al e-zine (revista electrónica) y encontrar ejercicios, consejos prácticos y herramientas para ayudarte aún más a revelar tu brillo. En realidad, cuando veas el icono ♦ a lo largo del libro, te estaré indicando que hay recursos en el sitio web para pulir esa faceta en particular.

Revela tu brillo fue escrito para ti. Espero que haya momentos en que te parezca que nos conocemos. Bueno, ¿sabes qué? ¡Nos conocemos! Te estoy hablando directamente a ti. Mi intención es caminar junto a ti y darte la perspectiva de por qué el mundo necesita de tu brillo... ¡ahora!

Te invito a que le permitas a este libro ser tu catalizador para brillar. Cuando lo leas, estudies, contemples, y asimiles el propósito detrás del contenido, comenzarás un viaje alucinante. Si te metes de lleno en este viaje, descubrirás el brillo que estoy seguro está escondido dentro de ti.

UNA GEMA PARA TI

Se necesita de un diamante para
cortar un diamante.

LA ESENCIA DEL BRILLO

Cuando estabas en el útero preparándote para hacer tu entrada a este mundo, tu familia y sus amigos esperaban tu llegada y le dieron a tu madre muchos regalos. Después de tu nacimiento, se enviaron anuncios y fotos. Se hicieron llamadas de larga distancia de costa a costa, contándoles a todos que el regalo que eras *Tú* había finalmente llegado. La familia y los amigos llegaron de cerca y de lejos para verte, tenerte en brazos y besar este increíble regalo de la vida.

¿Por qué tantos bombos y platillos por Ti? Primero que todo, Tú eras, y todavía eres, un diamante extraordinario e irrepetible, invalorable y de potencial ilimitado, envuelto en carne. Nadie más sobre la Tierra tiene tus huellas digitales, tu sonrisa, tu firma... ni tu brillo. Tu excepcionalidad es tu firma humana. Cientos, miles, tal vez millones de gente necesita de tu talento. Naciste para revelar tu brillo y dejar una huella en el universo. ¡No estás aquí por casualidad!

Todo lo que necesitas para ser brillante ya está dentro de ti. Tu fuente de brillo es tu genialidad, aquello que haces mejor que nadie. Tienes dones increíbles y una vez que ejercites esos dones, evolucionarás desde la mera existencia a la vida plena. Cuando redescubres tu brillo y lo dejas salir de la bóveda interior, avanzas en el Espectro de brillo desde el opaco al deslumbrante. Comenzarás a darte cuenta de por qué estás aquí en la Tierra y a entender cómo crear tu futuro desde tu interior.

EJERCICIO: *El Espectro de brillo*

Debajo encontrarás un modelo para identificar tu habilidad actual para revelar tu brillo. Deslumbrante, por supuesto, es lo que estamos esforzándonos por alcanzar. Dibuja una línea vertical para indicar dónde crees que te encuentras en este preciso momento en el Espectro de brillo.

OPACO   **DESLUMBRANTE**

Un buen amigo me dijo recientemente que se siente atascado profesional y personalmente, pero que no sabe cómo salir de su estancamiento en la rutina. Ha leído los libros y ha participado en seminarios sobre el éxito. Ha observado a otros ascender por la escalera del éxito. Pero cuando él ha tratado de hacer lo mismo, ha tenido la sensación de que no podía llegar a los peldaños. Ha gastado miles de dólares en desarrollo personal pero no lo ha interiorizado ni aplicado a su vida. A medida que se hace mayor, está en la década de los cuarenta, siente que se le está acabando el tiempo.

¿Conoces a alguien como él? ¿Personas que no están felices, que se sienten insatisfechas e inestables, y sin embargo no saben qué hacer? Se sientan, cruzados de brazos y admiran a todo el mundo, pero nunca han hecho el trabajo de buscar la esencia de su propio brillo. O si lo han hecho, se quedan con lo seguro y no intentan alcanzar lo que es más vital en sus corazones.

Para mí, las personas son como los vinos finos: sólo se ponen mejores con el tiempo. Yo realmente creo que nunca es demasiado tarde para encontrar y revelar tu brillo. Si Colonel Sanders pudo comenzar Kentucky Fried Chicken cuando estaba en sus sesenta y Ronald Reagan pudo convertirse en Presidente de los Estados Unidos a los sesenta y nueve, ¿por qué deberías sentirte limitado o limitada por la edad?

¡El brillo está dentro de todos y cada uno de nosotros! El brillo no es sólo para la gente hermosa o la gente elegante o la gente rica. Está disponible para todos y cada uno de los que lo buscan. ¡Eso te incluye!

No dejes escondido tu brillo. Abre la boveda interior de tu potencial, y saca tu genialidad para que todos puedan verla.

Una gema para ti
Todo lo que necesitas para ser brillante
ya está dentro de ti.

FACETA: DESCUBRE TU MISIÓN UNIVERSAL

"REALMENTE CREE EN LO MÁS PROFUNDO DE TU CORAZÓN QUE TU PROPÓSITO FUNDAMENTAL, TU RAZÓN DE SER, ES ENGRANDECER LA VIDA DE LOS DEMÁS. TU VIDA SERÁ MÁS GRANDE TAMBIÉN Y TODAS LAS OTRAS COSAS POR LAS QUE NOS ENSEÑARON A PREOCUPARNOS SE RESOLVERÁN POR SÍ SOLAS."

—PETE THIGPEN, RESERVAS DE EJECUTIVO

Nada está aquí por casualidad. Todo lo que hay sobre la Tierra tiene una función divina. Profundo en el corazón de cada uno de nosotros existe el deseo de saber por qué estamos aquí y cómo podemos hacer que el mundo después de nosotros sea un lugar mejor. Tal vez tú no has alcanzado ese punto todavía. Pero finalmente, te harás la pregunta del billón de dólares: "¿Por qué estoy aquí?"

En el momento en que te formules esa pregunta, tu corazón y tu mente comenzarán a reexaminar la historia de tu vida —cómo ha sido, cómo es, cómo podría ser el futuro— y a buscar una escena que complete la historia. Lo más probable es que cuando pienses en la historia de tu vida hasta este punto, pienses acerca de *las cosas* que han ocurrido: los sucesos de tu vida. Pero a medida que tienes más edad, con mayor intensidad comienzas a preguntarte el *por qué* de tu vida. A medida que maduras, comienzas a apreciar que la vida es más que un sueldo, un título o una tarjeta de negocios. Llegas a comprender que eres mucho más que lo que haces, dónde vives y cuánto dinero ganas.

De modo que, ¿por qué estás aquí? Aún si no conoces la respuesta a esa pregunta, yo sí. Absolutamente simple, estás aquí para completar tu **misión universal**. Sí, así es, el universo tiene una misión para ti. Y tú eres la única persona en este planeta de 6500 millones de personas que puede llevar a cabo esa misión. Tú estás aquí en la Tierra por una razón muy específica. Hay un vacío en el mundo que necesita tu toque, tu percepción, tu sabiduría, tu magia. Estás aquí para ser diferente y para cambiar el mundo. Estás aquí en este momento de la historia para dejar una huella que sólo tú puedes hacer. Tu Misión Universal es brillar e iluminar la vida de los demás.

Años atrás, ¡yo estaba tan perdido como ganso en una tormenta de nieve! Profesionalmente, estaba trabajando tan duro como era necesario para mantener mi empleo, pero sólo lo suficiente como para que no me despidiesen. Cumplía con las formalidades porque, como le sucede a la mayoría de la gente, mis cuentas gritaban más alto que mis sueños. Mis anhelos y deseos de una absoluta felicidad y una vida con sentido se habían desvanecido. Entonces tuve uno de esos excepcionales momentos de definición que tuvo un impacto perdurable en mi vida. La compañía para la que trabajaba me había enviado a París para un proyecto de consultoría en un banco europeo de 300 años de existencia. Durante una presentación ante mil gerentes del banco, encontré mi brillo. Descubrí la persona que siempre había querido ser". Desde entonces me he dado cuenta de que mi misión universal es inspirar al 10 por ciento de los 6500 millones de personas del planeta a encontrar su pasión y revelar su brillo.

¿Qué me puedes decir de ti? ¿Has encontrado la persona que siempre has querido ser?

El filósofo griego Aristóteles dijo, "En el punto en el que tus talentos y las necesidades del mundo se cruzan, allí se encuentra tu vocación". A mí me gusta decir, "…allí se encuentra tu misión universal". Encontrarás tu misión universal en el punto en que tus talentos, habilidades, capacidades y dotes se crucen con un vacío o una necesidad del mundo que te rodea. Piensa en lo que te hace original y especial. ¿Qué es lo que haces mejor que el resto? ¿En qué te dice la gente que eres fantástico? Ahora, detente y escucha a lo que ha estado golpeando a la puerta de tu corazón y que has estado ignorando. Presta atención al descontento de tu espíritu y tu alma. Cualquier problema, asunto o situación que te fastidia o exaspera, es una pista para tu misión universal. Y finalmente, piensa en el punto donde esos dos aspectos se cruzan: ¿cómo puedes usar esas cualidades especiales que son tan excepcionalmente tuyas para resolver el problema más importante para ti?

En este punto, puede ser que te sientas abrumado, pensando que tu misión universal tiene que ser algo profundo, como alimentar a los sin hogar o curar el cáncer. *Tu misión universal no es necesariamente llegar a todos; es llegar a alguien.* Tal vez tendrás un impacto sobre alguien que luego va a tocar a miles de otras personas. Tal vez serás el diamante que pula a otro diamante y lo haga brillar con más intensidad. Aunque nunca aparezcas en la portada de una revista o escribas un cheque para caridad por un millón de dólares, eres una persona de propósito. El propósito no es alguna cosa grande que haces en algun lugar, es algo grande que haces "aquí adentro", dentro de ti mismo.

¿Cómo sabes cuando has encontrado tu misión universal? Cobras vida. Resuenas y vibras con un "zumbido" interno. Te sientes atraído, apasionado y deseoso de mejorar el mundo. Gil Bailie, autor de *Violence Unveiled: Humanity at the Crossroads,* dijo, "¡Lo que el mundo necesita son personas que hayan cobrado vida!" Cuando estás vivo, tu energía positiva es contagiosa. El mundo sabe que estás cumpliendo una misión.

A veces, si no tenemos cuidado, podemos encontrarnos siguiendo la misión universal "incorrecta". Tal vez oímos sobre la misión de otra persona, pensamos que suena mejor que la nuestra (más noble, más interesante, más emocionante, más gratificante) y decidimos "pedirla prestada". O tal vez hemos dejado que nos influenciaran las ideas y opiniones de otra persona y hemos creado un propósito diseñado para complacer a esa otra persona. De cualquier modo que sea, estamos viviendo una misión que nunca fue nuestra. Si prestas especial atención, comenzarás a notar que algo en tu vida no se siente bien, no te sientes cómodo o cómoda en tu propia piel. Si te sucede eso, te invito a comprometerte a ser auténtico o auténtica y a crear la vida para la que naciste. Hasta que no reconozcas tu misión universal genuina, tu brillo de diamante no podrá dejarse ver.

El siguiente ejercicio de Valoración personal es un *punto de partida* en tu búsqueda por descubrir tu misión universal. Ten presente que puede suceder que después de completarlo no veas todavía claramente tu propósito. Está bien... *llegará.* Te estás embarcando en un viaje de descubrimiento, para desenterrar el brillante diamante que siempre has sido. Continúa leyendo... continúa buscando la genialidad que se encuentra dentro de ti. Las preguntas y ejercicios de la Valoración personal en los capítulos siguientes, las historias de Verdaderos diamantes y las medidas a tomar para Pulir el diamante han sido cuidadosamente diseñados para ayudarte a hacer el trabajo en lo profundo de tu interior. Cuando hayas terminado de leer este libro completo, regresa y vuelve a mirar este ejercicio. Creo que te sentirás inspirado o inspirada por la claridad que habrás adquirido.

Si no lo has logrado todavía, quiero instarte con intensidad que busques un abrillantador, un compañero de tarea que te ayudará a soportar hasta el final y a no sentirte solo o sola en este proceso. Esto te brindará aún más fortaleza, sustento y respaldo en el camino a una vida brillante.

EJERCICIO: *Descubre tu misión universal*

1. Usa las preguntas que aparecen bajo el título Zumbido interno (en la parte superior de la pág. 37) y de Necesidad externa (en la parte inferior de la pág. 37) como disparadores de pensamiento y toma algunas notas para cada uno.
2. Busca conexiones entre los temas de las secciones Zumbido Interno y Necesidad Externa.

3. Usa esas conexiones —la intersección entre tu genialidad y las necesidades del mundo— para comenzar a esbozar tu misión universal (en el medio de la pág. 37)

1. ZUMBIDO INTERNO

- ¿Qué actividades me hacen sentir vivo o viva?
- ¿En qué me dice la gente que soy bueno o buena?
- ¿Cuáles son mis talentos, habilidades y capacidades especiales?

_____

_____

_____

_____

_____

3. INTERSECCIÓN: TU MISIÓN UNIVERSAL

- ¿Qué haría si supiera que no fracasaría en ello?
- ¿Cómo puedo aportarle algo valioso a otra persona o a la sociedad en conjunto?
- ¿Para qué estoy aquí?

_____

_____

_____

_____

_____

2. NECESIDAD EXTERNA

- ¿Qué quiero hacer?
- ¿Qué problemas, situaciones o necesidades externas me fastidian?

- ¿Qué oportunidades, carreras o vocaciones me interesan pero no he aprovechado?

_____

_____

_____

_____

_____

Descubrir tu misión universal es crucial, pero en realidad, es sólo el primer paso en tu camino a revelar tu brillo. Ya has comenzado formulándote una pregunta muy grande, de búsqueda en tu alma: "¿Por qué estoy aquí?". Aunque no lo puedas creer, la próxima pregunta es aún más grande: "Ahora que sé por qué estoy aquí, ¿cómo se supone que viviré mi misión todos los días?"

La respuesta: *Tienes que tomar la decisión consciente de diseñar tu vida alrededor de tu misión universal.* Tu misión mientras que estés aquí en la Tierra es revelar tu brillo a través de tu misión universal. Tu misión debería ser algo concreto. No es un sueño, sino un objetivo firme, imperioso, que dirija tus decisiones, acciones y elecciones de vida. La autora de *Frankenstein*, Mary Shelley, dijo, "Nada contribuye tanto a tranquilizar la mente como un propósito firme, un punto en el que el alma pueda fijar su ojo intelectual." Probablemente estés pensando, "Eso es genial, Simon, pero ¿cómo hago exactamente para diseñar mi vida alrededor de mi misión universal?" ¡Buena pregunta! Necesitas **preguntar, buscar, golpear:**

PREGUNTAR

Todos los días, hazte esta pregunta,: "¿Cómo puedo usar mi misión universal para cambiar mi mundo?" Tan pronto como te formulas esa pregunta, abres tu subconsciente a las posibilidades. Desafortunadamente, mucha gente que descubre su misión universal nunca da ese próximo paso, nunca hace el esfuerzo de planificar su vida alrededor de ella. Como consecuencia, sigue caminando lenta y pesadamente a través de la misma vida rutinaria y mediocre. De muchas formas, estas personas están peor que aquellos que nunca reconocen su propósito, porque ellas saben que tienen mucho que aportar y sin embargo se conforman con menos de lo que podrían ser.

EJERCICIO: *¿Cómo puedo usar mi misión universal para cambiar mi mundo?*

_____

_____

_____

_____

_____

_____

_____

_____

_____

_____

BUSCAR

Busca activamente respuestas a cómo puedes usar tu misión universal cada día. Encuentra el camino que debes seguir. Haz alguna investigación si es necesario. Comprende que tal vez debas seguir muchos rastros, algunos de los cuales te llevarán a callejones sin salida. Eso está bien; es parte del proceso. El camino a vivir tu misión universal no siempre es claro y despejado.

Busca la guía de gente que puede ayudarte a vivir tu misión. Algunas personas *pasan* por tu vida, y otras *entran* a tu vida. Aquellos que pasan se cruzarán en tu vida en un momento específico o durante un suceso en particular. Permanece abierto o abierta a aquellos que aparecen durante esos intervalos de tiempo. Ya sea que tú o ellos lo sepan o no conscientemente, su único propósito es ayudarte a alcanzar el próximo nivel de cumplimiento de tu misión universal y a revelar tu brillo. Luego están aquellos que entrarán a tu vida y se quedarán por un tiempo. Su propósito es empujarte constantemente a intentar superarte y crecer. Ellos son los abrillantadores que ayudarán a pulir las facetas de tu diamante.

Aprende a identificar en tu vida cada tipo de persona, y aprecia a ambas clases de personas por la función exclusiva que tienen en tu vida. Así como no es tu propósito tocar a *todos*, lo mismo es verdad a la inversa. No necesitas de todos en tu vida para que te ayuden a completar tu misión universal, sólo a unos pocos. *Si todo el mundo ayudara a una persona*, la Tierra se llenaría hasta el tope de resplandecientes diamantes.

EJERCICIO: *Busca una guía*

Personas que han pasado por mi vida	Qué aprendí de ellos

Personas que han entrado en mi vida y han permanecido	Propósito que cumplen en mi vida

GOLPEAR

Cuando encuentres un puerta a una oportunidad que crees intuitivamente que es para ti, ¡tienes que golpear! Y si quieres descubrir qué hay del otro lado de esa puerta, tendrás que empujarla para abrirla y atravesarla. Mantente abierto a las posibilidades de tu vida. Cuando aparecen, debes estar listo para aprovecharlas.

Cada día, da un pequeño paso que te acerque a tu propósito. Cree profundamente en tu espíritu que ésta es la razón por la que estás aquí. Toma las decisiones y haz las elecciones que introduzcan en tu vida las cosas que te ayudarán a cumplir tu misión. ¿Sabrás siempre cuál es la elección correcta? No. A veces simplemente tendrás que dejarte llevar por la corriente. Pero con cada decisión y cada paso, aprenderás algo que puedas recordar e implementar en la próxima experiencia. Cada paso que das, acelera tu aprendizaje. Cada paso fomenta tu confianza, tu convicción e ímpetu.

Sigue estos tres pasos, con determinación y conscientemente cada día, todos los días. Si lo haces, te prometo que despertarás un día en unos pocos años a partir de ahora y tu vida se habrá transformado completamente. Estarás viviendo tu misión universal y revelando tu brillo. Cuando preguntas, buscas y golpeas, el universo responde. En tanto preguntes, busques y golpees las puertas, una serie de sucesos sincrónicos comenzarán a desplegarse. Y cuanto más preguntas, buscas y golpeas, más seguro te sientes en cuanto al próximo paso.

¿Parece una exageración? ¡Te reto a que lo hagas y me pruebes que estoy equivocado!

Tal vez ya has descubierto tu misión universal y estás decididamente en camino a vivirla todos los días. Si es así, te invito a hacer dos cosas: Primero, a volver a revisar tu propósito. Tu misión a menudo cambia a medida que tú cambias. ¿Todavía te motiva? ¿Has desarrollado nuevas habilidades, adquirido más conocimiento o experimentado lecciones de vida profundas que podrían aportar mayor comprensión a tu propósito? Muchos años atrás, los diamantes a menudo eran tallados directamente en la mina donde habían sido descubiertos. Los diamantes tallados en la mina son hermosos y valiosos por derecho propio por su singularidad y rareza. Pero es común que los poseedores de estos diamantes tallados a la vieja usanza los hagan tallar nuevamente para incrementar su valor y maximizar su brillo. Si has conocido tu misión universal por un tiempo, sin dudas ya has hecho una contribución valiosa. Y sin embargo, me gustaría que consideraras reevaluar tu misión y volver a tallar el diamante que eres para que brille aún más.

Segundo, además de tu misión universal, ahora tienes otra misión, asignada por mí. Y ella es ayudar a otros a encontrar sus misiones universales. Camina a su lado como un entrenador y amigo e invítalos a mirarse a sí mismos en el espejo de la vida. Guía a otros hasta que lleguen a preguntarse, "¿Quién quiero ser? ¿Cómo quiero dejar mi huella?" Pero ten en cuenta esta advertencia: A veces las personas que han encontrado su misión universal están tan identificadas con ella que, sin advertirlo, tratan de imponer su propia misión sobre el resto de la gente. Libérate de la necesidad de tener razón y deja que los otros sigan su propio camino.

Cuando conoces tu misión universal y diseñas tu vida alrededor de ella, tu brillo se pone se manifiesto al mundo. Te sientes decidido, apasionado y deseoso de ser diferente y cambiar el mundo. Te conviertes en un "infundidor", alguien que llena a los otros de energía, inspiración y esperanza. Cuando haces aquello para lo que naciste, entras en un ritmo donde todo se conecta. Descubres la Ley del Menor Esfuerzo, momento en el que vivir, ser, hacer y tener se vuelven naturales. Ya no tienes que esforzarte y sientes menos tensión y ansiedad.

Cuando usas tu misión universal para revelar tu brillo, creas un legado y, al mismo tiempo, te conviertes en un modelo de conducta para los niños (los tuyos y los de otros) quienes querrán un día dejar su propio legado. El regalo más grandioso que puedes dejar a la próxima generación es un buen nombre. El libro de los Proverbios dice, "Un buen nombre es más deseable que grandes riquezas". Cuando cumples con tu misión universal, comienzas a ser conocido como una persona de propósito, como alguien que hace una diferencia en las vidas de los otros.

Recuerda, se te ha dado sólo una cierta cantidad de tiempo aquí en la Tierra para dejar tu huella. ¿Cuál será?

UN DIAMANTE VIVO:
La historia de Mary

Ya desde que era una niña, yo sabía que disfrutaba de "entrenar" a las personas y ayudarlas a divertirse más en la vida. Como miembro de un equipo de natación, amaba trabajar con niños más pequeños y hacer reír a los mayores. Era cabecilla y además porrista. En la universidad descubrí que tenía el don de ser creativa y tenía talento para ver el lado especial de las cosas. También descubrí que me encantaba motivar a la gente, y me acercaba a las "celebridades" de la escuela como Bo Jackson y Charles Barkley, héroes deportivos en Auburn.

Encontrar mi misión universal, sin embargo, no fue simplemente descubrir estos dones y reunirlos Yo sabía que tenía algo para ofrecer en el mundo laboral, pero no sabía cómo o dónde lo pondría en acción. Llegar a comprender mi propósito ha constituido un viaje con muchos recodos y vueltas que me ha llevado por todo el país y a través de numerosas carreras, algunas de ellas maravillosas, otras, no tan placenteras. He trabajado por todos lados desde Capitol Hill a Wall Street, y he experimentado una gran variedad de profesiones, entre ellas; agente de conferencistas famosos, publicista, entrenadora de negocios, entrenadora de empresas, entrenadora en oratoria, periodista, respaldo informativo y personalidad televisiva.

Pero, tal como lo he descubierto, la misión universal de uno se trata de muchísimo más que una carrera. Convertirme en madre me hizo ver de otra manera mi propósito y me hizo posicionarme un paso más cerca de mi misión universal. No fue sino hasta que nuestra familia tocó fondo por los efectos acumulativos de los problemas de salud de mi hijo, una mudanza y una compra de una empresa de negocios, que yo encontré la última pieza del rompecabezas. Cada recurso, cada pizca de energía y cada pensamiento estaban dedicados al mero hecho de sobrevivir. Ésa fue la primera vez que yo había tenido que luchar realmente en la vida. Me di cuenta de que la vida puede golpear fuerte a cualquiera, en cualquier momento, y que la fortaleza que desarrollas luchando por recuperarte te vuelve increíblemente resistente y poderosa. La auténtica compasión que adquirí a partir de esa experiencia, creo que me ha convertido en una entrenadora realmente magistral.

Ahora sé que mi misión universal es nutrir a otros, ayudarlos a crecer y alcanzar la plenitud como personas fuertes, seguras. Trabajo como entrenadora de directivos en grandes corporaciones, guiándolos para hacer cosas realmente valiosas sus organizaciones. También sé que uso mis dones y cumplo mi propósito a través de mis roles de madre y esposa. Finalmente siento que todos mis puntos fuertes se han reunido y que soy la única persona en el mundo que puede hacer lo que hago, en la forma en que lo hago. Mi confianza en mí misma brilla y tengo una sensación de paz interior. Mi "trabajo" no representa ningún esfuerzo y es divertido para mí.

Aunque no todos mis sueños personales se han concretado todavía, ahora puedo ver que tenía que crecer y encontrar mi misión universal. Tenía que vivir los altos y bajos de la vida y obtener una buena educación, capacitación y experiencia para finalmente llegar al lugar en el cual dispongo del talento, habilidades y sabiduría para usar mis dotes para servir al mundo. Fue un proceso, no un logro repentino.

Y aunque no quisiera volver atrás y revivir todo el dolor que he soportado, estoy agradecida por esas experiencias porque son esenciales en mi formación como una mujer que puede vivir su propósito con pasión.

VALORACIÓN PERSONAL

Te invito a responder las siguientes preguntas:

1. ¿Estás viviendo tu misión universal? Si la respuesta es no, ¿por qué no?
2. Examina tu vida e identifica las oportunidades que se te han presentado. ¿Atravesaste la puerta, las aprovechaste y fuiste acercándote a tu brillo o cerraste la puerta con fuerza y te retiraste? ¿Qué puedes aprender de esas experiencias? ¿Qué oportunidades se están presentando ante ti en *este preciso momento*? ¿Estás preparado para aprovecharlas?
3. ¿Cómo puedes crear proactivamente tus propias oportunidades para llevar a cabo tu misión universal?

PULIR EL DIAMANTE

Aquí encontrarás tres medidas a tomar para pulir tus facetas y descubrir y llevar a cabo tu misión universal:

1. Decídete hoy a buscar activamente tu misión universal. Luego, todos los días, declara y afirma que estás haciendo una contribución y viviendo una vida brillante.

2. Identifica tres "puertas a oportunidades" a las cuales
   deberías estar golpeando.

3. Una vez que estés satisfecho con tu misión univesal,
   pregúntate cómo puedes ayudar a otras tres personas a
   descubrir su misión universal.

♦ Visita www.releaseyourbrilliance.com para obtener más
   recursos, ejercicios, consejos prácticos y herramientas para
   descubrir tu misión universal.

UNA GEMA PARA TI
Tu misión universal no es tocar a todos,
es tocar a alguien.

FACETA: DESPIERTA TU CURIOSIDAD

"PERO EL DESEO DE CONOCIMIENTO, COMO LA SED
DE RIQUEZAS, SE INCREMENTA AÚN MÁS
CUANDO LO ADQUIERES."

–LAURENCE STERNE,
AUTOR DE *THE LIFE AND OPINIONS OF
TRISTRAM SHANDY, GENTLEMAN*

Recuerdas al Curioso George? Es el monito curioso que, junto con su amigo El Hombre del Sombrero Amarillo, es el protagonista de los libros para chicos *Curious George* de Margaret y H.A. Rey. George observa todo lo que sucede a su alrededor. Y porque es curioso, quiere investigar las cosas que no le son familiares y experimentar situaciones nuevas para él. ¿Puede hacer una pizza? ¿Ser guardavida? ¿Andar en bicicleta? ¿Encabezar un desfile? ¡Puedes apostar a que lo descubrirá! George corre riesgos. Su curiosidad lo fuerza a zambullirse de cabeza y a vivir la vida en total plenitud. A veces está asustado y a veces su naturaleza curiosa provoca un caos o lo mete en situaciones peliagudas. Pero al final, siempre sale del apuro y aprende algo nuevo y valioso en el proceso.

¿Puede el personaje de un libro para niños realmente ser un buen modelo de conducta para los adultos? ¿Puede un mono enseñarnos algo sobre cómo revelar nuestro brillo? ¡Por supuesto!

La curiosidad es un deseo de saber o aprender. Nunca subestimes el poder de la curiosidad. Te des cuenta o no, tu mente se desarrolla y cobra vida cuando se enfrenta a un desafío. Dejas que tu brillo se revele cuando admites que no sabes algo pero estás ansioso de investigar sobre ello. Cuando tu objetivo es investigar el mundo que te rodea, ese deseo de conocimiento se vuelve un impulso interior para descubrir lo nuevo en lo viejo y lo viejo en lo nuevo. La magia de la curiosidad es desentrañar un misterio y solucionar un acertijo.

La gente curiosa formula preguntas, busca respuestas, se pregunta cómo funcionan las cosas y prueba nuevos análisis para resolver viejos problemas. Puedes reconocerlos rápidamente por su conducta.

- **La gente curiosa está constantemente buscando información "nueva".** La encontrarás en bibliotecas y librerías, sentada en el piso, absorta en un libro sobre un tema aparentemente cualquiera. Piden opiniones sobre su rendimiento a sus directores, cónyuges, amigos y compañeros de trabajo. Formulan preguntas profundas y perspicaces, preguntas que te hacen detenerte y pensar. Si todavía tienes acceso a la misma información a la que tenías acceso cinco o diez años atrás, ¿cuánto ha aumentado tu amplitud de banda de conocimiento? Esfuérzate por buscar continuamente nuevos conocimientos, ya sea leyendo libros, hablando con gente o buscando otros medios.

- **Las personas curiosas son hacedoras y maestras.**
En lugar de esperar a que le digan que haga algo, lo hacen y piden permiso después. Saben que cuanto más practiquen y enseñen un concepto, más significativo se vuelve. Una forma en que yo recuerdo las nuevas ideas es ¡comenzando a hablar sobre ellas! Le comento a otra persona inmediatamente sobre lo que he aprendido, expandiendo el concepto y profundizándolo. Esto me da la oportunidad de consolidar el pensamiento en mi mente y relacionarlo con los conceptos establecidos y compartir esa misma idea nueva con otros desde el mismísimo comienzo.

- **Las personas curiosas no sólo oyen, escuchan.** (Oír es una función física; escuchar es una función intelectual.) Están realmente interesadas y sienten gran curiosidad por lo que la otra persona está diciendo. Escuchar requiere sintonizar todas tus frecuencias con la persona que está hablando de modo que no sólo oigas el mensaje sino que también percibas las pistas no verbales, sientas la emoción de quien habla y comprendas el significado más profundo detrás de las palabras. La próxima vez que alguien esté hablando contigo, pon en práctica tu capacidad de *escuchar*.

La curiosidad naturalmente te conduce a aprender, desaprender y volver a aprender. El filósofo Eric Hoffer dice, "En el futuro, los que continuamente aprenden heredarán la Tierra, mientras que los eruditos se verán hermosamente equipados para vivir en un mundo que ya no existe". Como prueba de que tiene razón, los directores ejecutivos de la Corporación Sony de Japón tienen la política de no tomar en cuenta el nivel de educación de cada empleado una vez que ha sido contratado. Quieren que cada individuo sea visto como alguien que desarrolla al máximo su potencial, un innovador, un "buscador de lo desconocido" para contribuir a la construcción de un mundo mejor, y no que sea juzgado por sus logros académicos solamente.

En el futuro, el modelo de remuneración en los negocios valorará el conocimiento sobre la actividad. Si eres una persona curiosa con una mente que tiende a buscar soluciones, siempre estarás en demanda y podrás trabajar para la organización que escojas. Tu conocimiento te distinguirá dentro de una multitud de gente talentosa y motivada.

UN DIAMANTE VIVO:
La historia de Randy

Probablemente podrías llamarme una "aprendiz perpetua", lo que no debe confundirse con una "estudiante perpetua". No me gusta esa sensación incómoda que tienes cuando estás aburrida de ti misma y te sientes anquilosada. La exploración en busca de nueva información es una "urgencia" para mí.

Aprender es más que estar presente y escuchar. Pienso que el talento está en la curiosidad, la necesidad de saber más y luego tomar lo que se ha aprendido y ponerlo a funcionar, a veces de formas inesperadas. El tema realmente no importa, podría ser cálculos o tejido. Es el proceso de aprendizaje lo que es importante. El lugar no tiene que ser necesariamente un aula. El maestro puede ser un libro, un amigo, un viaje, una cinta sonora o un programa de software. El proceso puede ser tan simple como quedarte sola para pensar, volver a mirar y analizar las cosas de forma diferente. O puede ser prolongado, con paradas y comienzos, y después una mirada hacia atrás, llena de orgullo por lo que has logrado.

Mi carrera en el mundo de los servicios financieros duró diecinueve años hasta que una contracción de la industria me dejó sin trabajo. Afortunadamente, tenía varias opciones porque había desarrollado conocimiento y habilidades transferibles a través de la participación en diferentes organizaciones profesionales. Esas habilidades me ayudaron a seguir adelante nuevamente en mi carrera. Mi objetivo siempre era aprender más, no necesariamente para conseguir un ascenso o una posición mejor. Algunas personas hacen el mismo trabajo del mismo modo por años. En el mundo laboral actual eso es peligroso. El cambio nos deja atrás con facilidad. Si no aprendes continuamente, puedes llegar a quedar descalificado para tu trabajo.

Unos meses después de empezar a trabajar en un nuevo campo, participé en un taller. ¡Allí me vi expuesta a nuevas ideas! Estaba cautivada por la información y de repente sentí que había encontrado una parte de mí misma que había estado, si no perdida, al menos pasada por alto. Durante el seminario hubo un momento en el que tanto mi cuerpo como mi cerebro querían bailar. Mi mente volaba pensando en las distintas formas en que podía usar esa información. Me di cuenta por primera vez cuán importante era para mí ponerme retos intelectuales.

Mi madre una vez me dijo que me convenía encontrar un hombre y casarme porque nunca tendría éxito sola. ¡Imagínate cómo me sentí cuando mi breve matrimonio terminó en divorcio!

Estando sola, he aprendido a hacer reparaciones simples en la casa, a instalar molduras, colgar barras para cortinas, pintar, pintar con plantillas, limpiar la rejilla de ventilación de la secadora que hay en el techo y a diseñar y plantar el jardín.

Una promesa que me hice a mí misma fue que no me quedaría en casa simplemente porque no tuviera a alguien con quien viajar. Ahora, ¡viajar sola es una de mis mayores alegrías! Me encanta alquilar un auto y salir a explorar.

En la vida, debemos fijarnos nuestros propios objetivos

y celebrar nuestras propias victorias, aún cuando nadie más se entere. ¡Qué sentimiento maravilloso de logro tienes cuando aprendes una nueva habilidad, obtienes nueva información, vences un miedo o pruebas algo nuevo!

¡Siente curiosidad por aprender! *Cómo* aprendes es tan importante, si no más importante, como que *qué* aprendes. Podrías comenzar invirtiendo en una copia de *The Learning Revolution* de Gordon Dryden y Jeannette Vos. Es un gran libro que describe un sistema de aprendizaje para toda la vida que tal vez tengas que leer varias veces, pero una vez que "lo comprendes", tu vida ya nunca será la misma. Sugiero prestar especial atención a la discusión de la innovadora teoría de las múltiples inteligencias del profesor de la Universidad de Harvard, Howard Gardner. La filosofía de Gardner es que la tradicional medición de la inteligencia basada en el IQ es demasiado limitada. En cambio, él sugiere que hay ocho clases diferentes de inteligencia que representan mejor el amplio espectro de potencial que existe dentro de cada uno de nosotros. Los ocho tipos de inteligencia son:

- Lingüística: inteligencia para las palabras
- Lógica/matemática: inteligencia para el razonamiento/ los números
- Espacial: inteligencia para lo visual/imagen
- Cinestésico: inteligencia del cuerpo

- Musical: inteligencia para la música
- Interpersonal: inteligencia para relacionarse con la gente/ para lo social
- Intrapersonal: inteligencia intuitiva
- Naturalista: inteligencia para la naturaleza

Tu inteligencia es el área en la que te destacas. Es lo que viene a ti naturalmente. Cuando usas tu inteligencia especial, te sientes satisfecho e interesado. Del mismo modo en que un diamante brilla aún más cuando se lo corta con la forma de su perfil natural (como esmeralda, pera o marquesa), tú liberarás tu brillo más fácilmente cuando operes en el área de tu inteligencia natural.

En la universidad yo pensaba que quería ser contador. ¡No parecía importarme el hecho de que odiaba la matemática! Un día, un profesor que me había visto hablar frente a un grupo grande de alumnos me dijo, "No seas contador, eso no es lo que tú eres. Eres estupendo hablando en público. Ahórrate un poco de martirio y dolor. Deja la contabilidad y haz lo que te gusta". Allí fue cuando di un paso atrás y me tomé algún tiempo para descubrir que mi inteligencia es lingüística. Dedicarme a empeños como hablar y escribir, para los que recurro a mi inteligencia natural, me ha proporcionado un maravilloso ingreso, un lindo estilo de vida y, lo más importante, un conducto de salida para expresar mi brillo.

Yo te aconsejo que identifiques tus inteligencias naturales, luego inviertas en ellas y aprendas a utilizarlas. Toma clases y participa de talleres y seminarios sobre cómo desarrollar tus inclinaciones naturales. Busca organizaciones de desarrollo profesional que nutran tu inteligencia y tu curiosidad. Busca en Internet. Pregunta a personas que tengan la misma inteligencia natural que tú. "¿Cómo me puedo convertir en el mejor en esta área?"

Cuando sabes cuál de los ocho es tu tipo de inteligencia, el aprendizaje y el descubrimiento se vuelven una diversión. Aprendes porque quieres, no porque debes. Sientes entusiasmo por ver qué más puedes descubrir, y estás listo para zambullirte de cabeza en nuevas situaciones. Te conviertes en alguien que se arriesga, que desea vivir la vida en su plenitud.

Esto me recuerda cierto monito que conozco.

VALORACIÓN PERSONAL

Te invito a responder las siguientes preguntas:

1. ¿Cuáles son tus inteligencias naturales? Pon en orden los tipos de inteligencia que aparecen abajo (basados en la teoría de Howard Gardner de las múltiples inteligencias) del 1 al 8, dándole el 1 a la inteligencia más fuerte y 8 a la más débil.

INTELIGENCIA	CALIFICACIÓN
Ligüística *(inteligencia para las palabras)*	_____
Lógica/matemática *(inteligencia para los números/el razonamiento)*	_____

Espacial *(inteligencia para lo visual/la imagen)* _____

Cinestésica *(inteligencia del cuerpo)* _____

Musical *(inteligencia para la música)* _____

Interpersonal *(inteligencia para relacionarse con la gente/para lo social)* _____

Intrapersonal *(inteligencia intuitiva)* _____

Naturalista *(inteligencia para la naturaleza)* _____

2. ¿Cuál es tu estilo de aprendizaje primario (auditivo, visual, cinestésico)

3. ¿Eres lo suficientemente curioso o curiosa como para extender tu capacidad de pensamiento y conjunto de capacidades?

PULIR EL DIAMANTE

Aquí tienes tres medidas a tomar para pulir tus facetas y fomentar tu curiosidad.

1. Comienza formulándote preguntas más grandes. Por ejemplo, "¿Cuánto valor puedo crear usando mi inteligencia?" o "¿Cómo puedo usar mis tres inteligencias más fuertes para desarrollar mi misión universal y liberar mi brillo interior?"

2. Busca oportunidades para enseñar lo que has aprendido a otros para ayudarlos a despertar su curiosidad.

3. Todos los días de esta semana, haz una lista de tres cosas sobre las que sientas curiosidad, ya sea que las consideres importantes o no. Podrían ser cualquier cosa, desde "¿Cómo funcionan los semáforos?" hasta "¿Cómo

toma las decisiones mi jefe?" Este ejercicio incrementará tu nivel de curiosidad. (¡Asegúrate de encontrar las respuestas!)

UNA GEMA PARA TI

Revelas tu brillo más fácilmente cuando operas en el área de tu inteligencia natural.

SEGUNDA PARTE

REVELA TU BRILLO

"TU FUTURO SE CREA CON LO QUE HACES HOY, NO MAÑANA."

—ROBERT KIYOSAKI, EMPRESARIO

Los diamantes son valiosos por sus propiedades físicas y químicas. Y sin embargo, los diamantes son simplemente carbón en su forma más concentrada. Eso es, carbón, uno de los elementos más comunes del mundo y un componente básico fundamental en todo los organismos vivos. ¿Sabías que un 18 por ciento del cuerpo humano es carbón?

El carbón es el mismo elemento que forma el grafito, una sustancia común (piensa en la mina del lápiz) con propiedades *muy* diferentes a las del diamante. El diamante es el mineral más duro de los conocidos por el hombre; el grafito es uno de los más blandos. El diamante es transparente; el grafito es opaco. El diamante es un aislante eléctrico excelente; el grafito es un buen conductor de la electricidad.

¿Cómo pueden ser tan diferentes dos materiales con la misma composición química? ¿Por qué los diamantes son tan poco comunes, mientras que el carbón es tan común? El diamante natural puede formarse sólo bajo calor y presión intensos, cientos de millas debajo de la superficie de la tierra.

Para que se genere un diamante, el carbón debe estar bajo presión (45,000 a 60,000 veces nuestra presión atmosférica habitual), a temperaturas de entre 9000 y 1,300 grados Celsius. A temperaturas o presión más bajas, y a temperaturas más altas, se forma grafito en lugar de diamante. En otras palabras, las condiciones deben ser exactamente correctas para que se produzca un diamante.

De modo similar, si todos nosotros nacemos con la misma "composición", con la fuente de brillo ya dentro de nosotros, ¿por qué algunas personas brillan con intensidad mientras que otros son opacos? ¿Por qué algunos se vuelven diamantes y otros siguen siendo grafito común?

Cuando era pequeño, mi mamá siempre me decía, "Eres un producto de tu medio ambiente". A medida que maduras, vas tomando forma a partir de diferentes aspectos de tu medio ambiente: tu vida familiar, tu educación, tus relaciones, tus experiencias positivas y negativas y la gente que tiene alguna influencia sobre ti. Como adulto, tu medio ambiente continúa moldeándote. La gente que te rodea ayuda a formar tus opiniones y decisiones. Bajo las mejores circunstancias posibles, vivirías, trabajarías y jugarías en un medio ambiente en el que eres nutrido, alentado y estimulado... donde eres celebrado y no sólo tolerado. En un ambiente como ése, será mucho más fácil revelar tu brillo.

Pero en última instancia, y por suerte, el medio ambiente no es el factor determinante en el hecho de que te conviertas o no en el diamante que estás destinado a ser. Estoy aquí para decirte que *puedes sobreponerte a tu medio ambiente*. Puedes levantarte por sobre los efectos negativos de los sucesos y experiencias destructivos y dañinos.

UN DIAMANTE VIVO:
La historia de Paulo

Muchos años atrás un amigo me dijo que yo vivo la vida como si me fuera a morir mañana. Sonreí y simplemente dije, "Tú pareces vivir tu vida como si no fueras a morir nunca."

El brillo se encuentra en la comprensión del hecho de que nacemos y moriremos, y en darnos cuenta de que lo que cuenta en la vida es lo que hacemos mientras estamos vivos. No somos velas en el viento: tenemos el poder de controlar el viento y el fuego.

Mi familia fue la razón por la que desperté a la vida. Viniendo de una familia con veintiún hermanos, yo quería desesperadamente ayudar a mis padres. Mi padre estaba enfermo pero trabajaba durante el día y la noche. Siendo niño, me prometí a mí mismo que lo ayudaría a tener una vida mejor.

Yo tenía toda la vida por delante, pero mi padre ya era viejo. De modo que, cuando yo tenía trece años, comencé una carrera contra el tiempo. Mi idea era simple: si quería ganar en la vida, sabía que tendría que estudiar, tendría que educarme y tendría que correr más rápido que todo el resto. Sacrifiqué mis noches y los fines de semana para alcanzar mis objetivos. Nada podía borrar de mi memoria la imagen de mi papá despertándose a las tres de la madrugada para ir a trabajar, y a menudo regresando a casa a la medianoche. Pero yo acepté ese recuerdo como un regalo de Dios, porque aunque podría haber producido tristeza en algunas personas, para mí fue una inspiración para seguir avanzando. Si quieres ser brillante, debes encontrar pasión en lo que haces, o no tendrás la energía que necesitas para alcanzar el cielo.

Logré que mi sueño se hiciera realidad. Pude (puedo) ayudar a mis padres y mi familia. Mi padre está en el Cielo ahora. Sé que mientras escribo esas líneas, él está presente al lado mío y orgulloso de su hijo.

Mi filosofía sobre la vida es ésta: El hombre que mueve una montaña es el que la lleva piedra por piedra. La cultura moderna trata de convencer a la gente de que pueden mover montañas de la noche a la mañana. No a mí. Yo me mantengo fiel a la vieja escuela: moviendo mis montañas piedra por piedra, día y noche, mientras que algunas personas duermen, mientras otros se burlan de mí. Ésa es la forma en que logré todos mis sueños ayer; ésa es la forma en que sigo moviendo montañas ahora; y así es cómo moveré el mundo mañana.

Hay incontables historias de personas que triunfaron sobre dificultades aparentemente insalvables para lograr éxito personal y profesional. ¿Cómo lo hicieron? Reenfocando sus pensamientos, creencias y acciones. *La gente diamante comprende la conexión entre los pensamientos, las creencias, las acciones y los resultados.* Martin E. P. Seligman lo explica de este modo: Nuestra reacción ante cada experiencia, conversación o situación con la que nos encontramos es pensar acerca de ella. Estos pensamientos rápidamente se solidifican en creencias. Estas creencias pueden volverse tan habituales que ni siquiera nos damos cuenta de que las tenemos a menos que nos detengamos y nos concentremos en ellas. Y no se quedan simplemente allí ociosamente; tienen consecuencias. Nuestras creencias influyen directamente sobre lo que sentimos y lo que hacemos. Ellas pueden marcar la diferencia entre sentirnos abatidos y renunciar o sentirnos optimistas y tomar medidas constructivas. Y, por supuesto, nuestras acciones —o nuestras inacciones— tienen un impacto directo y profundo sobre nuestros resultados.

Tus pensamientos, creencias y acciones representan la combinación de la boveda interior donde se encuentra tu potencial de diamante. Estos son los factores críticos que liberarán el brillo que existe dentro de ti, y como consecuencia, determinarán la calidad de tu vida.

Cualquier joyero te dirá que los diamantes se describen en base a la claridad, el color, el corte y los quilates. Las tres primeras —claridad, color y corte— son los factores que determinan la calidad del diamante, su belleza y cuánto brillará. Como tales, son una poderosa analogía para los primeros tres pasos hacia la liberación de tu brillo. El quilate es una medida de peso del diamante y, aunque no afecta la calidad de una piedra, es un factor clave en el valor total de un diamante. Del mismo modo, los quilates son el cuarto paso en tu proceso transformacional.

La claridad, una medida de la pureza de un diamante, representa tus pensamientos, tu comprensión profunda de quién eres y por qué haces lo que haces. El color mágico de un diamante representa tus creencias sobre ti mismo y el mundo que te rodea. El corte simboliza la acción: Un diamante seguirá siendo siempre una piedra en bruto a menos que un cortador actúe sobre ella. Del mismo modo, tu brillo permanecerá encerrado en la bóveda interior a menos que tomes medidas específicas. Cuando tus pensamientos, creencias y acciones estén dirigidos e integrados, tu brillo será revelado al mundo.

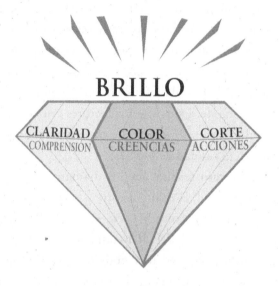

La Segunda parte da una mirada en profundidad a estos tres factores críticos y explica cómo operan en tu vida cotidiana. Descubrirás los principios clave, o facetas, que debes practicar y pulir. Pronto, descubrirás tu auténtico yo y tus auténticas relaciones. Concentrarás tus talentos y energía en lo que es más importante. Y comprometerás tu corazón y mente crecer y, como resultado, comprometerte más en tu vida.

UNA GEMA PARA TI

La gente diamante comprende la conexión entre los pensamientos, las creencias, las acciones y los resultados.

CLARIDAD: BUSCA UNA COMPRENSIÓN PROFUNDA

La claridad es probablemente el más importante de los factores que afectan la calidad y el valor de cualquier diamante. Claridad literalmente significa "limpieza" y se refiere a la capacidad de un diamante de permitir el libre paso de la luz. Los extremos de claridad pueden producir un diamante brillante, magnífico o una piedra turbia, opaca y apagada. La mayoría de los diamantes tienen imperfecciones naturales, llamadas inclusiones, que afectan la claridad al impedir que la luz pase a través de la piedra. Las inclusiones parecen pequeñísimos cristales, nubes, puntos o plumas y son exclusivas a cada diamante. Algunas personas no ven las inclusiones como defectos, sino más bien como características que identifican, o "huellas digitales de la naturaleza". La claridad de un diamante está graduada de acuerdo a cuántas, cuán grandes y cuán visibles son las inclusiones: cuantas menos y más pequeñas sean las inclusiones, más valioso será el diamante.

Como personas, todos tenemos "inclusiones", ninguno de nosotros es perfecto. Es necesario para cada uno de nosotros identificar nuestras inclusiones personales en el viaje hacia la comprensión de nuestro propio valor. No importa dónde comiences en la vida, nunca serás perfecto. ¿Sabes qué? Está bien. Simplemente reconoce la necesidad de hacer el trabajo interior. Un diamante sin defectos, con claridad perfecta, es extremadamente raro. Y en la mayoría de los otros diamantes, las imperfecciones son tan pequeñas que tienen un efecto mínimo sobre la belleza y el brillo de la piedra. Tu objetivo no es la perfección; tu objetivo es descubrir las "huellas digitales de la naturaleza" en tu vida. Una vez que veas claramente tus inclusiones, puedes entrar en acción para minimizarlas e incrementar tu valor interno y externo.

Muy similarmente a un joyero que usa una lupa para valuar un diamante por su claridad, tú debes concentrarte en tu vida y usar una percepción profunda para evaluar dónde estás en la vida y cuáles son tus móviles. La percepción profunda consiste en lograr una perspectiva nueva al suspender los patrones de pensamiento viejos y ver lo nuevo en lo viejo. Cuando damos un paso fuera de nuestros patrones de pensamiento habituales, experimentamos lo que Meter Senge, autor de *The Fifth Discipline*, llama "profunda desorientación", en la cual la forma en que vemos y entendemos el mundo se desarma. A menudo en este estado de desorientación, la luz se enciende en nuestros cerebros y descubrimos nuevas formas de ver, interpretar y pensar acerca de nosostros mismos y de cómo nos relacionamos con el mundo que nos rodea. En estos decisivos momentos de iluminación, de repente comprendes qué es necesario hacer. Pero hasta que no bajas la velocidad hasta la velocidad del pensamiento y reflexionas sobre la razón por la que piensas de la forma en que lo haces, estás solamente dando una ojeada a la superficie y nunca alcanzarás la claridad total.

Una percepción profunda conduce a un pensamiento claro o a la claridad respecto a quién eres. La claridad abarca las inclusiones de autolimitación, mientras que trata de alcanzar la verdad auténtica. La claridad te permite acceder a tu sabiduría innata y permanecer emocionalmente alineado. La claridad es el primer paso hacia crear tu futuro y vivir tu brillo.

UNA GEMA PARA TI

Tu objetivo es descubrir las "huellas digitales"
de la naturaleza en tu vida.

FACETA: EXAMINA TUS MÓVILES

"DEJA QUE TU MÉTODO CONSTANTE SEA EL DE ESTUDIAR EL DISEÑO DE LAS ACCIONES DE LA GENTE, Y VER QUÉ HARÍAN, CON TANTA FRECUENCIA COMO SEA PRACTICABLE; Y PARA HACER QUE ESTA COSTUMBRE SEA MÁS SIGNIFICATIVA, PRACTÍCALA PRIMERO SOBRE TI MISMO."

–MARCO AURELIO, EMPERADOR ROMANO

Lorraine trabajaba como asistente ejecutiva para el presidente de una compañía que no valoraba a sus empleados. En realidad, era a menudo directamente grosero. La mayoría de los intercambios con él eran desagradables, pero Lorraine, de todos modos, trataba de ser una empleada productiva. Un día en que el presidente estaba partiendo hacia un viaje importante, Lorraine se dio cuenta de que había olvidado algunos documentos fundamentales. Decidió no hacérselo notar, temiendo que pudiera reprenderla por ayudarlo. En ese momento, Lorraine se dio cuenta de que era hora de buscar otro trabajo. Se dio cuenta de que su móvil ya no era un desempeño excelente sino la autopreservación. Ese fue un momento de revelación de la verdad para ella y poco tiempo después, encontró otro trabajo donde su empleador la valoraba.

Los momentos a menudo revelan los móviles de tu corazón. Si tus móviles son puros y honestos, experimentarás impulso hacia adelante. Si no lo son, tu brillo permanecerá oculto. Permíteme que te dé un ejemplo personal.

Una década atrás, cuando me mudé a Orlando, Florida, hice una lista de los directivos clave de esta ciudad joven. Allí estaban los hombres y mujeres cuyos nombres tenían suficiente peso como para abrir puertas y cerrar tratos. Mi objetivo era usar su estatus en la comunidad como palanca para lograr acceso a sus conexiones con personas influyentes.

¿Mis móviles eran puros? No. No es necesario que aclare que nunca los encontré cuando lo quise porque estaba todo el tiempo tratando de controlar la situación de modo que ellos me percibieran de una determinada forma. Aparecía en cada evento como un tipo que está siempre en el sitio preciso, tratando de que se me viera y oyera, pero nunca me conectaba con la gente porque podrían darse cuenta de mis móviles interesados a una milla.

Ahora, probablemente te estarás preguntando cómo me las arreglé para cambiar el curso de las cosas. Comencé a trabajar con un entrenador de vida que comprendió cómo era yo. Inmediatamente reconoció que mi obsesión con el éxito era mi necesidad de validación externa para sentirme seguro. Mi opinión sobre mí mismo, y por lo tanto mis móviles, dependía de lo que otros pensaran de mí. Cuando la validación viene desde adentro, de todos modos, es permanente y real. Tu seguridad no puede ser sacudida por la forma en que los otros reaccionan ante ti. La seguridad auténtica conduce a móviles auténticos, que son percibidos por los que te rodean, creando entonces, una conexión auténtica y resultados auténticos.

Por ejemplo, ¿tienes amigos que vivan en un barrio residencial y que estén constantemente recordándote su prestigio? ¿Hablan acerca del hecho de vivir al lado de fulano que tiene sangre azul o trabaja para una compañía de primer orden? ¿Sus móviles tienen que ver sólo con el prestigio del vecindario o la riqueza en relaciones de su vecindario? ¿Cómo te sientes cuando hablas con esta gente? ¿Sientes una conexión auténtica, como si realmente les importaras? ¿O parecen más preocupados acerca de lo que conseguirán de su relación contigo?

¿Con qué frecuencia has oído la frase "Ve por el dinero"? Tal vez a ti, o a alguien que conozcas, le han ofrecido un trabajo con un aumento de salario significativo, y la motivación para tomarlo fue puramente monetaria. No se tuvo mucha consideración al hecho de si el empleo en sí era apropiado, ni de la misión de la organización, los valores o las filosofías de las personas. De modo que tomaste el trabajo, sólo para descubrir que había una buena razón para que pagaran más dinero: El ambiente de trabajo era desagradable, o había una serie de problemas sucios con los que lidiar. La compañía tenía que pagar más sólo para retener a sus empleados.

No me malinterpretes. No tiene nada de malo un abultado salario o vivir en un barrio residencial. Pero ten cuidado si el dinero o el prestigio es tu motivación primaria. Sin una motivación más sentida en el corazón, al final de tu vida, puedes enfrentarte con una pregunta candente: ¿Valió la pena?

Te invito a hacer el trabajo interior de examinar tus móviles, no importa cuál sea la situación. Si no lo haces, te arriesgas a construir tu vida sobre una base poco firme. Libera a tu sistema de la conducta tóxica de la crítica desleal, la politiquería y el control de los resultados. Hoy, considera vivir tu vida con un propósito imparcial. Cuando estás obsesionado con lograr un resultado en particular, te desconectas de tu espíritu. Pero cuando estás alineado con tu espíritu y sientes una serenidad que no está basada en un resultado específico, liberas tu brillo y atraes realmente lo que es verdaderamente mejor.

UN DIAMANTE VIVO:
La historia de Lauren

Hace unos años llegué a un punto en mi vida en el que estaba absolutamente harta de estar harta. Me preocupaba constantemente acerca de la dirección de mi vida. Albergaba malos sentimientos hacia la gente que me había lastimado en el pasado. Finalmente tuve un colapso nervioso y terminé en el hospital. Ni las drogas ni el alcohol me habían llevado allí. De acuerdo a mi médico, yo había agotado mi cerebro y lo había llevado a un estado de delirio.

Después de esa experiencia, sabía que tenía que lograr el control de mi vida y decidí volver a un seminario al que había asistido unos años antes. Esta vez, "comprendí" la lección y salí de allí sintiéndome una persona diferente. La naturaleza de la lección realmente no importa. La clave es que mis móviles fueron diferentes esta segunda vez. Inicialmente yo estaba tan pendiente de aprender "algo grande" que en verdad no escuché y me perdí completamente la lección que estaba buscando.

Ahora, hago las cosas porque disfruto hacerlas: mi mente ya no está consumida por el apego al resultado o la recompensa. Paso tiempo con mis amigos porque me entusiasma nuestra amistad. En el trabajo, trato a mis clientes con honestidad, haga la venta o no, porque elijo vivir una vida de integridad. He perdonado a la gente que me lastimó profundamente porque elijo vivir una vida libre de enojo.

Vivo una vida completamente apasionada. Elijo poner pasión en todo lo que hago, desde querer a mi madre a preparar una comida para mí. La pasión dirige mis decisiones. Si algo o alguien carece de pasión, evito esa situación o persona. Ahora puedo mirar hacia dentro y concentrarme en darle rienda suelta a lo mejor de mí. En lugar de concentrarme en el destino, me concentro en el viaje.

Es interesante notar que *motivo* es la palabra raíz de motivación. A menudo, las organizaciones quieren que vaya y "motive" a sus equipos de trabajo. Lo primero que les digo es que yo no soy un catalizador inspiracional ni un motivador. Por lo tanto no puedo motivarte ni a ti ni a ninguna otra persona. Sólo *tú* y tus móviles pueden motivarte.

Los móviles auténticos, tales como contribuir positivamente a la vida de otro o tener relaciones significativas, producen mejores consecuencias y resultados a largo plazo que los móviles vinculados al éxito, como el dinero y el prestigio.

Cuando has descubierto tu misión universal y has comenzado a reconectarte con tu brillo, naturalmente te vuelves más motivado.

El auto de bestsellers John Maxwell cuenta una historia acerca del legendario "Oso" Bryant, ex entrenador del equipo de fútbol Alabama Crimson Tide. Durante un partido decisivo, su equipo estaba ganando por seis puntos cuando sólo faltaba un minuto y medio para el final. Tenían posesión del balón y parecía que ya habían ganado el partido.

El entrenador Bryant ordenó a su mariscal una jugada de corrido, pero este decidió sorprender al otro equipo —y al entrenador Bryant— haciendo una jugada de pase. De modo que retrocedió y lanzó el balón. Un defensa del otro equipo, el jugador más rápido de la liga, interceptó el balón y comenzó a correr hacia la línea de gol. Alabama estaba a punto de perder el partido.

El aterrado mariscal de Alabama, que *sabía* lo que había hecho y que era famoso por su buen brazo pero no por sus rápidas piernas, salió disparado detrás del defensa y lo derribó en la línea de cinco yardas. Salvó el partido y Alabama ganó.

El entrenador del equipo contrario se acercó al entrenador Bryant después del juego y le dijo, "¡Pensé que ese mariscal era lento! ¿Cómo iba a alcanzar a mi esprinter de primera clase mundial?" El entrenador Bryant lo miró y le dijo, "Tienes que comprender. Tu hombre corría por seis puntos. El mío corría por su vida".

Examina tus móviles. ¿Corres por seis puntos o estás corriendo por tu vida?

VALORACIÓN PERSONAL

Te invito a responder las siguientes preguntas:

1. ¿Cuándo fue la última vez que examinaste tus móviles para hacer algo? ¿Qué descubriste sobre ti mismo?
2. ¿Qué te motiva a sacar lo mejor de ti? ¿Cuáles son las motivaciones o las compensaciones que buscas?
3. ¿Estás trabajando sólo para ganar un salario o estás invirtiendo tu energía intelectual en crear soluciones y hacer un aporte valioso?

PULIR EL DIAMANTE

Aquí encontrarás tres medidas a tomar para pulir tus facetas y examinar tus móviles:

1. Identifica tus características de comportamiento egoístas y dirigidas solo al desempeño. Escríbelas.
2. Piensa en las razones que te motivan a ascender en tu organización. ¿Tienen que ver con lo que conseguirás de ello, o tienen que ver con hacer un aporte valioso y buscar resultados orientados a la solución?
3. Examina tus móviles detrás de cada correo electrónico que envíes. Por ejemplo, ¿es realmente necesario enviar copias a todos en la compañía? ¿Lo estás haciendo porque esa gente necesita la información o lo estás haciendo para tener todas las bases cubiertas? En lugar de eso, levántate de tu escritorio o levanta el teléfono y habla directamente con la persona que necesita la información.

◆ Visita www.releaseyourbrilliance.com para obtener más
recursos, ejercicios, consejos prácticos y herramientas para
examinar tus móviles.

UNA GEMA PARA TI
*Cuando tus móviles son auténticos, atraes lo
que es realmente mejor.*

FACETA: EVALÚA LAS ÁREAS CENTRALES DE TU VIDA

"LA PERCEPCIÓN DE UN MOMENTO A VECES ES TAN VALIOSA COMO LA EXPERIENCIA DE TODA UNA VIDA."

–OLIVER WENDELL HOLMES, POETA

En julio de 1986, un diamante en bruto que pesaba 599 quilates fue descubierto en Sudáfrica. La enorme piedra recibió el nombre de Diamante Centenario, en honor al centenario de De Beers Consolidated Mines, que poseía la mina donde se encontró la piedra. Dada la forma irregular de la piedra en bruto, se decidió que sólo el más hábil de los artesanos podría revelar la belleza del diamante sin arruinarlo. El hombre elegido para cortar la piedra fue Gabi Tolkowsky.

Durante un año entero, mientras se creaban las herramientas y condiciones técnicas adecuadas para cortar el diamante, Tolkowsky lo examinó y lo evaluó. Usando los más sofisticados instrumentos electrónicos, miró profundo dentro de la estructura del cristal. Cuando más tarde se le preguntó sobre su trabajo sobre el Centenario, Tolkowsky confesó sentirse conquistado por el diamante. No había ni una fisura o grieta en la piedra que él no conociera íntimamente.

Junto a un pequeño equipo muy selecto, a Tolkowsky le llevó casi tres años transformar la piedra en bruto en el más grande, más modernamente cortado diamante del mejor color y sin imperfecciones. Cuando estuvo finalizado, el Centenario pesaba 273 carates y tenía 247 facetas. Aunque el diamante es realmente imposible de valuar se ha informado que fue asegurado en 100 millones de dólares.

Como el Centenario, tú eres un diamante invalorable y sólo el más talentoso artesano puede revelar el brillo que existe dentro de ti. ¿Quién es este cortador maestro? Dios. Ciertamente, tú harás la mayor parte del trabajo para descubrir y revelar tu brillo, y otras personas también ayudarán a darte forma y pulirte. Pero Dios es el cortador maestro. Sólo Él conoce su plan divino, la forma y el tamaño del diamante en que te convertirás.

Si realmente deseas convertirte en el diamante magnífico que Dios desea que seas, debes evaluar las ocho áreas centrales de tu vida, o tus ocho facetas de la corona, como las llamo yo. La valoración consiste en hacer el trabajo más profundo, examinar y analizar tu vida, como si fuera con una lupa de joyero, hasta que conozcas íntimamente cada detalle, hasta el último rincón. Cuando "pones tu verdad sobre la mesa" y te vuelves real para ti mismo, comienzas a tener claridad. Puedes ver claramente, tal vez por primera vez, qué aspectos de tu vida son esenciales a tu brillo y cuáles son innecesarios. Aquellos que desmerecen tu brillo deberían ser eliminados. Aquellos que aumentan tu brillo deberían ser pulidos aún más.

Darle una mirada honesta a tu vida no siempre es divertido, pero cuando consideras cuánto más brillarás, pienso que estarás de acuerdo en que vale la pena. Hoy, te invito a tomarte el tiempo necesario para evaluar cuidadosamente las ocho facetas de la corona de tu vida: espiritual, familia, carrera, emocional, mental, social, económica y bienestar físico.

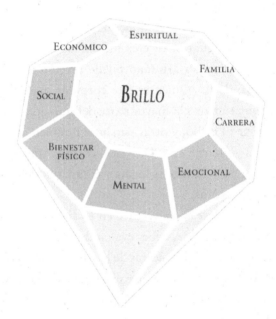

Espiritual: ¿Cómo te está yendo en el aspecto espiritual? Tu espíritu es la mismísima esencia de quién eres, el centro de tu brillo. Y tu esencia se revela todos los días por la forma en que te tratas a ti mismo, hablas contigo mismo y piensas acerca de ti mismo. La gente no valorará aquello en que te estás convirtiendo hasta que tú valores quién ya eres.

¿Estás feliz y satisfecho con la dirección de tu vida? ¿Qué puedes hacer para incrementar tu grado de felicidad? ¿Estás progresando hacia la meta de vivir una vida de propósito y con un diseño o estás todavía viviendo una vida accidental? Cuando piensas acerca de quién eres, adónde estás yendo y qué intentas lograr, ¿qué le da significado espiritual a tu vida?

Desarrollar, cultivar y proteger tu ser espiritual supone algún esfuerzo. Vuelve a despertar tu espíritu y reconecta tu cabeza a tu corazón. Cuando hagas eso, entrarás en un ritmo de alineamiento universal en el que tu ser total —tu cabeza, corazón, manos, oídos y boca— estarán conectados a tu brillo espiritual.

Familia: Tu familia es mucho más que tu pareja o tus hijos. La familia incluye padres y abuelos, hermanos y hermanas, tías y tíos, primos y, sí, aún las mascotas. Estas son personas y animales que pueden enriquecer tu vida de formas que no puedes ni a imaginar. ¿Cuánto tiempo inviertes en tus relaciones con aquellos que amas y de los que te ocupas más? ¿Son una prioridad o reciben las "sobras" de tu vida? ¿Tienes alguna relación que necesita ser reparada? Si es así, no esperes... toma la iniciativa para reconectarte con esas personas y resuelvan las diferencias.

El asunto es este: Si "partieras" mañana, la compañía para la que trabajas vaciaría tu escritorio, limpiaría tu oficina y enviaría tus pertenencias a tus seres queridos. Tu puesto sería incluido en las ofertas de empleo de la compañía en Internet en unos pocos días. Puedes creerte irremplazable, pero la dura realidad es que eres un empleado, valioso, pero no irreemplazable, Pero para tu familia, tú eres realmente irremplazable. Construye tu vida alrededor de la gente que estará llorando en tu funeral. No los descuides por un empleo o una carrera. Pasa la mayor parte de tu tiempo con aquellos que te conocen mejor y aprecian tu brillo. Aún mejor, apóyalos y ayúdalos a revelar su brillo.

Carrera: Tu trabajo actual, ¿te satisface o estás trabajando sólo por el salario y los beneficios? Sé que puedes encontrar esto difícil de creer (¡a mí también me pasó así la primera vez!), pero tu profesión debería ser divertida y emocionante.

¿Estás resolviendo problemas y haciendo un aporte valioso para tu organización? Aportar al balance final de tu organización aporta a *tu* balance final. ¿Cuándo fue la última vez que leíste el informe anual de tu compañía? Esa información es crucial para comprender la dirección estratégica de la organización donde pasas una considerable parte de tus horas productivas.

¿Estás deseoso de llevar adelante tu carrera? Si es así, ¿qué estás haciendo respecto de eso? Permíteme que te cuente un secreto: No es responsabilidad del departamento de Recursos Humanos ascenderte o mostrarte cómo puedes ascender. Tú decides generar tu propio camino en tu carrera. Robert Barrer, autor de *Lifeboat Strategies: How to Keep Your Career Above Water During Tough Times—or Any Time,* dice: "El empleador de hoy no puede garantizar la estabilidad o larga duración de las carreras en las corporaciones o la seguridad de los trabajos de los empleados. Como resultado, los estrategas de carrera se dan cuenta de que ellos tienen que tomar la iniciativa y trazar su propio rumbo."

Estoy convencido de que para sobrevivir en un lugar de

trabajo del futuro será crucial hacer cuatro cosas: hacerte responsable de ti mismo, mantenerte alerta, mantener una actitud excelente y aprender constantemente nuevas habilidades. Esto es válido tanto si eres un empleado, un ejecutivo o un profesional autónomo. ¿Planificas tu carrera de una forma multidimensional? ¿Tienes habilidades y talentos diversos que podrías usar en otro campo si te encontraras de repente sin empleo? Vuélvete tu propio estratega de carrera. Evalúa tu situación y luego da el paso siguiente para llevar tu carrera hasta el próximo nivel.

Emocional: La forma en que reaccionas a las experiencias de tu vida, buenas y malas, pueden empañar tu brillo. ¿Tus emociones te controlan o tú las controlas a ellas? Cuando tu casa emocional está en desorden, a menudo no puedes pensar o actuar racionalmente. ¿Eres honesto contigo mismo y en tus relaciones? ¿Hay situaciones en tu vida que te niegas a enfrentar?

Muchos de los desafíos y luchas que afrontamos en la vida son resultado de nuestro propio pasado. La gente a menudo se vuelca a los recursos de autoayuda, como seminarios para el éxito, disertantes motivadores y talleres de desarrollo personal, para ayudarse a superar sus problemas y volver al camino correcto. Muchos de estos son programas fantásticos que imparten mensajes de cambio de vida y, ciertamente, ofrecen ayuda.

Desafortunadamente, encuentro a mucha gente que es "adicta" a estos programas de autosuperación. Gastan miles de dólares y muchos años buscando "la cosa" que cambiará sus vidas. Disfrutan el entusiasmo que experimentan cuando descubren un nuevo concepto o principio: ¿podría ser "el concepto"? Y aunque tratan de aplicarlo a sus vidas, lamentablemente, rara vez logran un cambio duradero. ¿Por qué? Porque no están dispuestos a hacer el trabajo de examen de conciencia, retorcimiento de tripas y desgarro del corazón que es necesario para realmente internalizar los conceptos y cambiar sus vidas en forma permanente.

Los grandes líderes motivacionales de nuestro tiempo son hombres y mujeres brillantes, pero tú no puedes cambiar tu vida simplemente por estar en su presencia o por leer sus libros (¡incluso este mismo!). Nada cambiará hasta que *tú* cambies, hasta que tú ciertamente integres sus principios a tu vida. ¿Estás listo para hacer el trabajo, para enfrentarte con el enemigo interno? Si quieres poner tu vida emocional en orden, no tienes más opción que tomar tu carga personal de problemas, revisarla minuciosamente y liberarte de las cosas que te están abrumando con su peso.

Mental: ¿Quieres saber dónde estarás dentro de cinco años? Mira a la gente a la que llamas tus amigos, los libros que lees, los discos compactos y las cintas que escuchas y la forma en que pasas tu tiempo. ¿Por qué? Porque esas son las cosas que influyen sobre tu pensamiento. Cualquier cosa que alimente tu mente, positiva o negativamente, afecta tu manera de pensar.

Todo lo que tienes en la vida hoy es el resultado de la forma en que pensabas en el pasado. Del mismo modo, todo lo que tendrás, o no, en el futuro será el resultado de la forma en que piensas hoy. Tomas decisiones basándote en tus pensamientos y creencias. Esas decisiones conducen a acciones que a su vez producen resultados. Si tú quieres cambiar lo que produces, entonces debes cambiar lo que introduces. Para cambiar tus resultados, cambia tu manera de pensar.

¿A quién le prestas oídos? ¿Qué clase de personas son? ¿Cómo pasas tu tiempo de esparcimiento? ¿Qué clase de libros lees? De acuerdo con el escritor Jim Rohn, "Si lees un libro por mes acerca de tu industria, en diez años habrás leído 120 libros. Eso te pondrá en el uno por ciento más informado de tu campo." ¿Qué grandes sucesos de tu vida han influido en la forma en que piensas? Reprograma tus pensamientos aceptando y escuchando sólo aquellas fuentes que nutren positivamente tu mente.

Bienestar físico: Cuando trabajaba en la industria hotelera, uno de los lemas internos era "¡Un huésped muerto es un huésped descontento!" ¡Es tan cierto! Poniendo toda broma a un lado, la realidad es que tienes que cuidarte. Si no lo haces, ¿quién lo hará? Tu cuerpo es el motor de tu vida. Todo lo que pongas dentro de él, o bien ayuda al motor a funcionar mejor o bien le provoca un deterioro. Y todo motor necesita mantenimiento. ¿Te haces chequeos regulares, haces ejercicio sistemáticamente, bebes suficiente agua y descansas lo suficiente? Si no, tu motor se podría descomponer cuando más lo necesites. Si el bienestar físico no es una prioridad en tu agenda de desarrollo personal, casi puedo garantizarte que un día te darás contra la pared por agotamiento, enfermedad o tal vez hasta muerte prematura.

Si crees que estoy tratando de asustarte, ¡estás en lo cierto! Recientemente, el médico me dijo que tenía un sobrepeso de treinta libras y me alertó que debía perder ese sobrepeso o sufriría posibles problemas de salud. El delgado, esbelto hombre que yo *pensé* que era, se sintió escandalizado y avergonzado. Sabía que no podía ponerme algunos de mis pantalones y trajes, pero dado que el aumento de peso había sido gradual, no me había percatado de que había aumentado tanto. Verás, mi versión de hacer flexiones era empujar mi silla hacia delante y ponerla más cerca de la mesa. Desde aquella visita al médico, ¡he implementado un programa de ejercicios!

¿Y cómo te va a ti en esa área? ¿Qué parte de tu motor necesita un poco de atención? ¿Tienes síntomas persistentes que temes controlar? No lo dejes para mañana. ¡Dale a tu cuerpo la atención que se merece, y hazlo ahora!

Social: ¿Es tu vida plena y enriquecedora? ¿Pasas tu tiempo libre en el sillón con el control remoto o afuera, en el mundo, abriendo tus horizontes? A pesar de lo que mucha gente piensa, el aspecto social de nuestras vidas es fundamental porque nos permite poner nuestras vidas en perspectiva. Cuando viajamos, conocemos otras culturas, vemos arte magnífico y nos sumergimos en música, se nos recuerda una vez más que el mundo es más grande que nosotros.

¿Eres feliz en tus relaciones? ¿Quiénes son tus amigos? ¿Cómo les está yendo a *ellos* en cada una de las áreas centrales? Es importante saberlo porque tú, o bien creces, o te atrofias en el contexto de tus relaciones. El proverbio dice, "Como el hierro afila al hierro, así mismo una persona agudiza el ingenio de otra". Tus amigos o agudizan u opacan tu mente y tu potencial. ¿Tienes amigos que usen frases como éstas?

- "No tengo tiempo."
- "No puedo hacerlo."
- "Probé eso una vez y no funcionó."
- "La compañía no me paga lo suficiente."

Las personas que cotidianamente usan esta clase de lenguaje negativo, disminuyen sus propios brillos y también el tuyo. Tal vez necesites evaluar críticamente quiénes son tus amigos y quiénes son tus conocidos. Luego, trata de invertir más tiempo en los amigos y menos en los conocidos. ¡Es solo una sugerencia!

Económica: ¿Cómo te está yendo económicamente? ¿Te queda mucho mes al final de tu dinero, para decirlo de algún modo? El dinero representa la energía de tu vida. Lo que haces con tu dinero determina lo que haces con tu vida. ¿Qué estás haciendo para asegurarte un futuro económico seguro? ¿Tienes un plan para crear un legado económico para las generaciones futuras? ¿Has considerado alguna vez crear tu propia fundación para apoyar organizaciones que están haciendo algo positivo en el mundo?

Te sugiero que inviertas un poco de dinero y tiempo en los siguientes recursos:

- *Six Steps to Financial Fitness*, de Tony Bland, te enseñará cómo sobrevivir a los desafíos de la sociedad moderna.
- *Secrets of the Millionaire Mind*, de T. Harv Eker, te ayudará a dominar el juego interior de la riqueza.

- *Rich Dad, Poor Dad*, de Robert Kiyosaki, te motivará a hacer que tu dinero trabaje para ti en lugar de que tú trabajes para el dinero.

Cuando estas ocho áreas centrales están equilibradas, operas en un estado de plenitud y sientes paz y felicidad. Por el contrario, las áreas desequilibradas te causarán estrés e incomodidad. Si las facetas de la corona de un diamante son deformes o desequilibradas, el diamante no puede mostrar su fuego y luz. Lo mismo es válido para ti. No puedes esperar brillar con mucha luminosidad si los aspectos clave de tu vida tienen problemas.

Hablando en forma general, la forma en que te esté yendo en cada área depende de la cantidad de recursos que inviertes en esa área. Brillarás con mayor intensidad en cada área si inviertes más: más energía, más tiempo, más concentración, más dinero. Recuerda, un equilibrio saludable maximiza tu brillo de diamante.

VALORACIÓN PERSONAL
Te invito a responder las siguientes preguntas:

1. ¿Qué influencias negativas hay en tu vida que te están reteniendo y deberían ser eliminadas?
2. ¿Quién es tu mayor apoyo y quién es tu mayor detractor?
3. ¿Qué te hace brillar con mayor intensidad en cada una de las ocho áreas centrales?

UN DIAMANTE VIVO:
La historia de Abby

No hace mucho tiempo, yo estaba deprimida por la situación de mi carrera. Había trabajado duro para conseguir mi título y sin embargo no estaba siendo reconocida o recompensada por mis logros.

Lentamente, la luz comenzó a encenderse. Empecé a darme cuenta de que estaba concentrándome solamente en mi carrera y dejando que los otros maravillosos aspectos de mi vida se escurrieran sin recibir atención.

Necesité de una patada en las sentaderas. Al hacer una lista de "Lo que motiva a Abby", no podía creer toda la diversión que me estaba olvidando de tener: lectura, teatro, musicales, álbumes de recortes, videos, llevar un diario... la lista seguía y seguía. También decidí probar algunas nuevas experiencias: Estoy tomando un curso para aprender a escribir para niños y me he convertido en mentor de un niño de segundo grado.

No todas estas experiencias han sido fáciles. Lucho con el curso de escritura, pero ¡la inspiración y las ideas que recibo en el tiempo en que estoy con mi estudiante son inmensas! Y como hice lo más provechoso, ser mentor, encontré beneficios en otras áreas de mi vida.

Ahora no me preocupo tanto como solía hacerlo. Me doy cuenta de que puedo aceptar la vida tal como viene, siempre que lo que esté haciendo me haga feliz sea de provecho. Si yo cuido de todas las facetas de mi vida y no descuido una por la otra, el Universo hará que todas las piezas encuentren su lugar.

PULIR EL DIAMANTE: BRILLO
A TRAVÉS DEL EQUILIBRIO

El siguiente ejercicio "de brillo a través del equilibrio" te ayudará a descubrir rápidamente qué áreas están desequilibradas. Te invito a poner tu verdad sobre la mesa: ¿Cuán bien te está yendo en cada área en relación a cuán bien *quieres* que te vaya? Por ejemplo, ¿cómo es tu vida familiar ahora en comparación a la idea u objetivo que tienes para ella? Ponte un puntaje en cada una de las ocho facetas de la corona de acuerdo a la escala que aparece debajo.

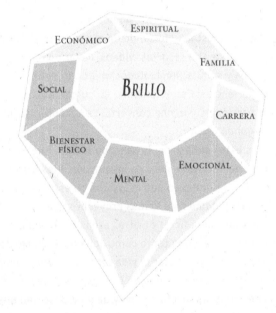

0   1   2   3   4   5   6   7   8   9   10
Turbio y opaco   Más o menos brillante   Extremadamente brillante

ESPIRITUAL
ECONÓMICO
FAMILIA
SOCIAL
BRILLO
CARRERA
BIENESTAR FÍSICO
EMOCIONAL
MENTAL

Ahora, revisa tus puntajes. En la clasificación general, lo ideal es tener un equilibrio relativo entre las ocho áreas y puntajes individuales altos.

Un puntaje ideal es 8 ó más para cada área, lo que indica que estás bien equilibrado o equilibrada y viviendo tu brillo en todas las áreas de tu vida. Cualquier puntaje entre 6 y 8 indica que un área necesita un poco de mejoría. Escribe algunas cosas que puedes hacer para cambiar a tus pensamientos, creencias y acciones en esa área.

¿Hubo algún aspecto en el que obtuviste un 5 o menos? Si es así, ésta probablemente sea un área en la que tú ya sabes que hay un problema pero no estás haciendo nada respecto a él. No te sientas mal por un puntaje de 5 o menos, es sólo una arista áspera en el diamante que eres tú. El propósito de este ejercicio es ayudarte a encontrar las áreas que necesitan más pulido. Simplemente reconoce dónde estás, enfrenta la situación y toma medidas para mejorarla.

Para cualquier área con un puntaje de 5 o menos, vuelve a leer la sección sobre ese tema que aparece antes en este capítulo. Responde las preguntas por escrito y trata de identificar qué desafíos específicos estás enfrentando. Después habla con tu abrillantador sobre las posibles medidas que puedes tomar para mejorar. Finalmente, pídele a tu abrillantador que te ayude a fijar objetivos y a cumplirlos. Por ejemplo, si obtuviste un 3 en Bienestar físico, vuelve a leer la sección de Bienestar físico e identifica el tema más difícil para ti. ¿Es tu peso? ¿Tu presión arterial? ¿Tu salud cardiovascular? Hazte un chequeo, recibe algún consejo de tu médico y luego pídele a tu compañero de tarea que te ayude a poner las recomendaciones de tu médico en práctica.

UNA GEMA PARA TI

*Una vez al año, evalúa las ocho facetas de
la corona de tu vida.*

FACETA: VIVE EN ALINEACIÓN EMOCIONAL

"CADA UNO DE NOSOTROS CREA SU PROPIO CLIMA,
DETERMINA EL COLOR DE LOS CIELOS EN EL
UNIVERSO EMOCIONAL QUE HABITA."

–FULTON J. SHEEN, ARZOBISPO CATÓLICO

Alguna vez has manejado tu auto fuera de alineación? ¿Recuerdas qué sensación se tiene? Probablemente no notaste inmediatamente que algo no estaba bien. Pero a medida que manejabas, tal vez sentiste una vibración o te diste cuenta de que tenías que hacer un esfuerzo para evitar que el auto se fuera hacia un lado.

Ahora, ¿recuerdas qué sensación tuviste al manejar el auto después de que fuera adecuadamente alineado? Prácticamente no necesitabas de ningún esfuerzo para mantener el auto derecho en la ruta. En lugar de tener que aferrarte al volante con ambas manos, podías dirigirlo casi con un dedo. La vibración había desaparecido: avanzaba en silencio y serenamente.

Al ir por la ruta de la vida, te moverás más rápido y con menos esfuerzo si tienes alineación emocional. La alineación emocional te permite moverte hacia delante en dirección recta aún cuando encuentras esos inevitables baches y sacudidas de la vida. Del mismo modo en que las ruedas de tu auto necesitan estar alineadas para evitar el desgaste y los desgarros en los neumáticos, tus emociones necesitan estar alineadas para reducir el desgaste y los desgarros diarios de la vida y para impedir un reventón o accidente emocional.

¿Qué significa estar alineado emocionalmente? Es vivir de acuerdo a tus valores y principios. Cuando tienes alineación emocional, *te sientes interiormente de la misma forma en que actúas exteriormente.* Tus acciones están en sincronía con tus creencias. Dices lo que quieres decir. Eres honesto contigo y en tus relaciones, y te comunicas con sinceridad.

Por el contrario, cuando careces de alineación, te sientes tironeado en diferentes direcciones; tu corazón te dice que hagas una cosa, pero tu cerebro te dice que hagas otra. Hay una partición en tu alma, para decirlo de algún modo, porque no estás viviendo tu vida en armonía con tus valores. Como consecuencia, tu energía está dispersa y te sientes agotado. Agotamiento, relaciones tóxicas, pensamientos y discurso sobre ti mismo negativos, deshonestidad contigo mismo y con los otros, éstos son algunos de los signos de que careces de alineación.

La falta de alineación emocional es como una inclusión o defecto en ese diamante que eres Tú. Exactamente del mismo modo que una inclusión no permite que la luz pase a través del diamante, la falta de alineación emocional afecta tu comprensión y claridad, te impide potenciar tus dotes y talentos, y disminuye tu brillo.

¿Has estado alguna vez en una situación en la que una persona con autoridad te pidió que hicieras algo que no te hacía sentir cómodo? Tal vez tu jefe te pidió que inflaras las proyecciones o falsearas alguna información a alguien. Probablemente te aseguró que no era un nada importante, que realmente era lo mejor para los intereses a largo plazo de la compañía. Y, dado que alimentar a tu familia es una de tus prioridades, lo hiciste. De todos modos, tus acciones entraron en conflicto con tus valores de honestidad e integridad y por lo tanto te sentiste incómodo con esto. ¿Te sentiste un diamante brillante en ese momento?

Todos los días tomamos cientos de decisiones en las que debemos elegir qué haremos o cómo actuaremos. La elección que hagamos determina si mantendremos la alineación o la perderemos. ¿Elegiremos actuar basados en nuestros valores, o nos inclinaremos ante la voluntad y deseos de otros? Cuanto más elijamos complacer a otros, más lejos nos movemos de nuestra alineación.

Estos momentos de decisión suceden con frecuencia en todas las áreas de nuestra vida. ¿Le decimos a nuestro esposo cuánto costaron realmente los zapatos o a nuestra esposa cuánto costaron los palos de golf? ¿Cómo respondemos cuando un amigo o compañero de trabajo nos pide ayuda? ¿Qué excusa nos damos a nosotros mismos para explicarnos por qué no hicimos ejercicio hoy? Cuando los niños nos preguntan si tenemos tiempo para jugar a algo con ellos, ¿qué les decimos?

Cada elección es una oportunidad para realinearte a ti mismo con tu verdad interior. Pregúntate qué elección coincide con tus valores. Cuando encuentres situaciones que amenacen con sacarte de tu alineación —los baches de la vida— evita la tentación de ignorar tu brújula interna. Defiende lo que crees. Resiste. Toma una decisión basándote en tus convicciones. Cuando lo haces, se puede ver el brillo de tu diamante.

Cuando todo lo que sientes, piensas, dices y haces está en alineación, entras en una corriente que fluye, un ritmo. Es como estar en control del crucero. Te mueves a través de la vida a un paso acelerado sobre la autopista hacia tu brillo. La alineación emocional constante conduce a una integridad emocional, el estado en el cual tu alineación interna permanece en su lugar sin importar qué sacudidas o baches encuentras en la vida. Rejuvenece y energiza nuevamente tu espíritu. Te ubica en un lugar de claridad y te mantiene concentrado de modo que puedas brillar con intensidad.

VALORACIÓN PERSONAL

Te invito a responder las siguientes preguntas:

1. ¿Hay comportamientos específicos que necesites adoptar para vivir constantemente en alineación emocional?
2. ¿Hay una partición en tu alma debido a una mala alineación? Si es así, ¿cómo planeas corregirlo?
3. ¿Qué elecciones necesitas hacer hoy para vivir una vida brillante?

UN DIAMANTE VIVO:
La historia de Madison

Alguien dio en el clavo con esta observación sobre mí: ¡Yo vivo mi vida con un signo de admiración! He visto mucho éxito en mis empeños, tanto personales como de negocios, y lo relaciono directamente a mi energía, emoción y acercamiento entusiasta a la vida. Mi pasión es contagiosa, y es genuina, no forzada o fingida. Pienso que eso se ve.

Creer en mí misma, y quiero decir realmente creer, es la clave para mí. Otras pueden ser más delgadas o más hermosas, pero en mi corazón, soy segura y confío en mí misma. Dame una persona que tenga habilidades o belleza promedio, pero que tenga corazón y sea segura, tenga confianza en sí misma y que se sienta cómoda en su propia piel, y ahí tienes una persona ganadora. La gente se siente naturalmente atraída hacia aquellos que creen en sí mismos.

Hace unos cuatro años, dejé mi trabajo después de doce años con la misma compañía. Fue un *enorme* salto de fe para mí. Me fui de un trabajo que amaba profundamente, por el que sentía pasión, muchísimo orgullo y con el que me sentía plenamente identificada. Pero el momento era el correcto y yo sabía que esta oportunidad no volvería a presentarse de igual forma.

Partí para iniciar mi propio negocio de consultoría, para realmente crear algo de la nada que nunca se había hecho antes. Según lo que conozco, soy la única consultora en el país que se especializa en mi nicho especial. El comienzo fue más lento de lo que yo había previsto y en realidad hubo momentos en los que me comí las uñas durante esos primeros años. Pero con el apoyo de mi amoroso esposo, seguí dando batalla. Tuvimos que usar un poco del patrimonio que habíamos acumulado en nuestro hogar pero estábamos firmes en nuestra creencia de que había un futuro en esta iniciativa.

Uno a uno, los clientes empezaron a venir. Ahora, rechazo pedidos de servicios de consultoría semanalmente porque simplemente no hay suficiente tiempo para hacer todo. Viajo por todo Estados Unidos y el Caribe hablando ante grandes audiencias. Me convocaron para trabajar con dos clientes de muy alto perfil: Billy Joel y Donald Trump. Ésas fueron experiencias que valoraré de por vida, experiencias que *nunca* hubiera tenido si hubiera seguido por la ruta más segura y fácil.

He aprendido que todos somos expertos en aquello que hacemos. Pero debemos creer que somos expertos, y ser lo suficientemente audaces como para apropiarnos de nuestro brillo y compartir nuestro conocimiento, nuestra pasión y aprendizaje sin temor. Eso es lo que nos permite pasar al próximo nivel en cualquier cosa que hagamos.

Hoy mi vida es fascinante. Me pellizco todos los días. A mi trabajo no lo siento como un trabajo y eso hace que levantarse cada mañana sea tan emocionante.

La gente que me conoce a menudo me dice que soy "afortunada". *Soy* afortunada de haber encontrado una carrera que me hace sentir plena y de haberla descubierto a una edad tan temprana. Pero también sé que me costó un montón de trabajo. Me encanta la cita "La suerte es donde la preparación se encuentra con la oportunidad". No podemos sentarnos por ahí y esperar ser afortunados. Tenemos que planificar para lograr que cosas extraordinarias sucedan en nuestras vidas. Hacemos nuestra propia suerte.

La vida está llena de elecciones, cientos de pequeñas elecciones cada día, más unas pocas decisiones grandes, que alteran la vida. Yo tomé la decisión hacer mis sueños realidad y no esperar a que el éxito se me entregara en la mano. Elegí hacer mi propio destino.

PULIR EL DIAMANTE

Aquí hay tres medidas a tomar para pulir tus facetas y vivir en alineación emocional.

1. Pídele a tu compañero de tarea que te comente cómo te comportas regularmente. ¿Estás más a menudo alineado o fuera de alineación?
2. Escribe tres cosas que puedes hacer para vivir una vida emocionalmente alineada cotidianamente.
3. Usa cada elección que tengas que hacer en tu vida como una oportunidad para controlar tu alineación emocional.

♦ Visita www.releaseyourbrilliance.com para obtener más recursos, ejercicios, consejos prácticos y herramientas para vivir en alineación emocional.

UNA GEMA PARA TI

Cada elección es una oportunidad para realinearte con tu verdad interna.

COLOR: DESCUBRE LA CONFIANZA PURA E INVARIABLE

"EL NIVEL DE CONFIANZA QUE TENGAS EN TI MISMO SE MANIFESTARÁ INEVITABLEMENTE EN CUALQUIER COSA QUE HAGAS."

—LES BROWN, ORADOR MOTIVADOR

En la naturaleza, a los diamantes se los encuentra en una amplia variedad de colores. A menudo pensamos que ellos estarán en algún punto en el espectro entre el blanco puro (técnicamente llamado sin color o transparente) y ligeramente amarillo, pero los diamantes también se encuentran en colores "extravagantes", como azules, verdes, rosas y aún rojos. Un diamante actúa como un prisma, divide la luz en los colores del espectro y luego refleja esa luz como destellos coloridos llamados "fuego".

El color de un diamante es graduado usando una escala que va desde la D (sin color o blanco puro) a la Z (amarillo claro). Como la luz que atraviesa una ventana de vidrio claro, pasa más luz a través de un diamante completamente sin color que a través de uno con tinte amarillo. Dado que los diamantes blancos puros dan más destello y fuego, cuanto más blanco sea el diamante, más alto será su valor.

¿Qué representa el color blanco puro en tu vida de diamante? La confianza pura: la confianza en ti mismo y la confianza en tu intuición. ¿Tienes suficiente confianza y seguridad en quien eres como para vivir una vida auténtica y transparente? ¿O vives una vida de impostor porque estás tan lleno de dudas sobre ti mismo que tienes miedo de mostrarle al mundo quién eres realmente? ¿Crees que puedes cambiar tu entorno? ¿Crees en tus habilidades? Si es así, entonces no permitas que el barco de tu fe choque contra las rocas llevado por las olas de los desafíos, las circunstancias difíciles o las expectativas cambiantes.

El blanco puro es también el color de la fe. La fe es tu confianza en el mañana cuando el hoy es un verdadero caos. Tener fe en ti mismo protege tu brillo de la negatividad de otra gente.

¿Cuán importante es la confianza? Considera esto: Se llevó a cabo un experimento años atrás para medir la capacidad de la gente para soportar dolor. Los psicólogos midieron cuánto tiempo la gente podía mantenerse parada con los pies desnudos en un balde de agua helada. Los investigadores descubrieron que había un factor que hacía posible que cierta gente se parase en el agua helada el doble del tiempo que podían otros. ¿Adivinas cuál era ese factor?

La confianza.

Cuando la persona parada en el agua helada tenía a alguien que lo motivaba, alguien que creía en él y lo alentaba, podía soportar el dolor mucho más tiempo que sus contrapartes carentes de confianza y sin apoyo. Aquellos que soportaron el increíble dolor por más tiempo tuvieron éxito simplemente porque creyeron que lo harían.

¿Cómo sería el mundo si la gente oyera regularmente que alguien cree en ella? Mejor aún, ¿cómo sería el mundo si cada uno de nosotros mantuviera una invariable confianza en sí mismo? Sólo piénsalo.

El color de un diamante es permanente, invariable. La convicción en ti mismo que nunca cambia te conducirá a una vida encendida, brillante.

UNA GEMA PARA TI
*La fe es tu confianza en el mañana cuando el hoy
es un verdadero caos.*

FACETA: ENCIENDE TU INTUICIÓN

"LA INTUICIÓN SE VUELVE CADA VEZ MÁS VALIOSA EN LA NUEVA SOCIEDAD DE INFORMACIÓN, PRECISAMENTE PORQUE HAY TANTOS DATOS."

–JOHN NAISBITT, FUTURISTA Y AUTOR DE *MIND SET!*

Has tenido alguna vez una experiencia en la que tú simplemente sabías en tu corazón que algo estaba, o no estaba, bien? No podías necesariamente explicar cómo lo sabías; tú simplemente lo sabías. Ésa era tu intuición.

La intuición se define como el saber o el darse cuenta sin el uso de procesos racionales. En otras palabras, ¡la intuición es conocimiento que supera tu intelecto! Llámalo un pálpito, tu sexto sentido o tu inteligencia intuitiva. Es cuando tú simplemente sabes que debes caminar por cierto camino o tomar una decisión específica. Tú no sabes *por qué* lo sabes, simplemente lo sabes.

Escuchar a tu intuición y seguirla es la clave para encontrar la combinación que abre la bóveda interior donde está guardado tu brillo. Mucha gente depende de datos duros, de estudios, de la lógica y la experiencia para tomar decisiones. Y no hay nada malo en eso. De todos modos, yo te invito a ti a abrirte a lo que tu intuición podría estar diciéndote, especialmente si es diferente a lo que los datos o la lógica te indican.

También habrá momentos en los que tú simplemente no tienes suficiente información o datos para tomar una buena decisión. ¿Qué haces entonces? Te tranquilizas, escuchas lo que te dicen tus entrañas y les haces caso.

No pienses que soy tan ingenuo como para creer que el mundo sencillamente aceptará tu intuición como verdadera porque sí. "Sentir" no es una palabra que se use frecuentemente en los círculos de negocio. Me he sentado en montones de reuniones a través de los años con colegas escépticos que no podían dar lugar a los pálpitos de nadie. Hay más probabilidades que te digan, "Muéstrame los datos cuantitativos" que "¿Qué sientes ante esto?"

Ir contra la corriente, especialmente en una cultura corporativa, puede provocar que seas etiquetado como un rebelde. No es fácil seguir tu intuición en lugar de la opinión popular o cuestionar las razones de una decisión basada en los datos. Pero es sorprendente para mí el hecho de que las compañías gasten miles de millones de dólares para adquirir hombres y mujeres brillantes, sólo para decirles, "Tráigannos sus cerebros, pero dejen sus corazones en la puerta".

Cuando tomas una decisión basándote en tus instintos, el mundo aprobará o desaprobará. Pero al final, tú eres el que tiene que vivir con tus decisiones.

¿Cómo sabes cuándo tu intuición ha dado en el blanco? Por la serenidad que tendrás en tu alma. La intuición es serenidad que supera todo entendimiento. Te sientes en paz cuando tomas decisiones basadas en tu conocimiento interno. Por el contrario, sabrás que una decisión no es la correcta si sientes incomodidad o un sentimiento acuciante de malestar. Presta atención a las luces amarillas de precaución de la vida, ¡están allí por alguna razón!

UN DIAMANTE VIVO:
La historia de Regina

Me han dicho que soy una "visionaria pragmática", alguien que no sólo puede ver el resultado final de una visión, sino también diseñar los pasos para llegar allí y atraer a la gente para implementarlos. Me ha llevado toda una vida (o al menos veinte años) descubrir esta habilidad excepcional: toda una vida de experiencias y de pasar por un tamiz la esencia de cada una de ellas. También he tenido que seguir el hilo de la intuición para conectarme con gente que podía mostrarme cómo integrar mejor mi intuición con mi mente cognitiva para lograr una congruencia corazón-mente.

Ahora, cada día es un milagro antes que un misterio. En las palabras de Albert Einstein, "Sólo hay dos formas de vivir tu vida. Una es como si nada fuese un milagro. La otra es como si todo fuera un milagro".

¡Todos los días me despierto con una alegría desenfrenada! El propósito de mi vida está claro ahora. Elimino el estrés en mi trabajo diario en tanto me relajo al "saber" cómo se desenvolverá el "Cuadro de situación". He aprendido a "ser" antes que "hacer" toda la creación que he visto por anticipado. Otros se unen a mí sin tener que buscarlos; simplemente nos "conocemos" unos a los otros cuando nos encontramos. Ahora que me he "despertado", la alineación interna que experimento actúa como una radio frecuencia, que atrae a otros que están en la misma longitud de onda. El "esfuerzo" es un producto del mundo exterior, no del mundo interior.

Cuando renuncié a mi trabajo para comenzar mi propio negocio, no tenía ningún dato que me dijera que tendría éxito. El país se estaba preparando para ir a la guerra con Irak y la economía estaba en plena agitación. Miles de personas estaban siendo despedidas. Rechacé cuatro ofertas de trabajo para seguir un sueño que significaba dar un paso a la *nada*: ni un solo cliente, sin una sola reserva, y sólo una pequeñísima cuenta en el banco.

¿Por qué lo hice? Yo sabía bien profundo dentro de mí que estaba haciendo lo correcto. Tenía una serenidad incuestionable en mi alma, una seguridad confiada de que éste era el próximo paso que se suponía que tenía dar. Hoy en día, siempre sigo mis instintos más básicos, aún si no tengo los datos para respaldarlos. Seguir mi intuición es uno de los valores centrales con los que vivo.

Para este momento probablemente te estés preguntando, "Entonces, Simon, me estás diciendo que debería escuchar a mi intuición para todas las decisiones que tome?" Sí. Sintoniza con la decisión que te traiga serenidad y actúa de acuerdo a ella. Detente y escucha lo que tu corazón te está diciendo en un nivel profundo y sabrás qué hacer.

Desafortunadamente, algunas personas están emocionalmente tan desconectadas que realmente no saben cómo aprovechar su intuición. Hasta que sepas qué te motiva y comprendas cómo piensas y aprendes, tu inteligencia intuitiva continuará escapándosete. Debes estar en contacto contigo mismo para acceder a tus instintos. Tranquilízate un momento, escucha con tu corazón y renuncia a tener control sobre la respuesta. Una de las razones principales por las que la gente no confía en su intuición es porque no les gusta lo que oyen. Sus instintos les dicen que hagan algo que ellos no quieren hacer o que tienen miedo de hacer, y por lo tanto quieren creer que esos instintos están equivocados.

La gente que vive su brillo, escucha la sabiduría de su intuición. Cuando siguen su intuición, están en paz, aún cuando vayan contra la sabiduría convencional. Muy profundo dentro de ellos mismos, una puerta se ha abierto y han visto la luz.

Sigue tu intuición y deja que tu luz brille con intensidad.

VALORACIÓN PERSONAL

Te invito a responder las siguientes preguntas:

1. ¿Usas tu intuición para tomar las mejores decisiones (pequeñas o grandes) posibles?
2. Piensa acerca de una decisión reciente, personal o profesional, que hayas tomado. ¿Qué te dijo tu intuición que hicieras? ¿Cómo ha resultado tu decisión? ¿Tu intuición estaba en lo correcto?
3. ¿Crees lo que tu intuición te dice que hagas? Si no es así, ¿por qué no? ¿A qué le tienes miedo?

PULIR EL DIAMANTE

Aquí tienes tres medidas a tomar para pulir tus facetas y encender tu intuición.

1. Consulta tu instinto la próxima vez que te enfrentes a una importante decisión. Aclara tu mente. Tómate un tiempo y sal a caminar alrededor de la manzana. Relájate y respira profundo. Ahora, tranquilízate y escucha lo que tu intuición te está diciendo. Si todavía no tienes claro qué hacer, consúltalo con la almohada. literalmente. Los sueños tienen una forma de darte una vista previa de las "atracciones que se avecinan". Mantente abierto al mensaje que te da tu sueño, es tu intuición que está hablando.

2. Estudia cómo estar tranquilo de modo que puedas acceder a la sabiduría de tu intuición. Pasa quince minutos ininterrumpidos cada día simplemente estando quieto. ¿Qué piensas, oyes, percibes y sientes? Pregúntate, "¿Cómo puedo vivir una vida brillante?" Confía en mí, llegarás a una respuesta. Pero nunca llegarás a una respuesta a la pregunta que no te formules.

3. Limpia tu lugar de trabajo. Un escritorio atestado representa una mente atestada, tu intuición es como el pedazo de papel perdido que no puede llegar a la parte de arriba de la pila. A veces simplemente necesitas aclarar tu espacio. El acto físico también crea orden mental. Con una mente despejada, oír tu intuición debería ser auténtico y no requerir esfuerzo.

UNA GEMA PARA TI

*La intuición es serenidad que supera
todo entendimiento.*

FACETA: ELIGE LA AUTENTICIDAD

"LA MAYORÍA DE LAS PERSONAS SON OTRAS PERSONAS. SUS PENSAMIENTOS SON LAS OPINIONES DE OTROS, SUS VIDAS SON MÍMICA, SUS PASIONES, UNA CITA."

—OSCAR WILDE, ESCRITOR BRITÁNICO

Por su gran valor y belleza, con frecuencia los diamantes son imitados. Algunas imitaciones son piedras naturales. Otras son piedras sintéticas, creadas en un laboratorio a partir de sustancias que se asemejan a los diamantes en apariencia, como el vidrio y el circonio cúbico (CZ). Para el ojo no entrenado, algunas imitaciones, como el circonio, lucen muy parecidas a un diamante de buena calidad. Tal vez has oído decir que una buena imitación es mejor que la cosa real. Pero no te engañes a ti mismo, ninguna imitación de diamante será alguna vez capaz de reproducir el brillo, la belleza y el valor de un diamante auténtico.

Lo mismo se puede decir sobre las personas. Algunas personas hacen la elección de vivir una vida auténtica todos los días. Estas personas diamantes agregan valor y belleza al mundo al revelar el brillo extraordinario que sólo ellos tienen. Después está la gente que luce semejante a los diamantes brillantes, pero que con una inspección desde más cerca se revela que son falsos circonios. No importa cuánto traten, la gente de circonio no puede abrir la bóveda interior que conserva su brillo porque vive en la negación de quién es realmente.

Yo era una persona de circonio. Cuando fui ascendido por primera vez a la dirección en la segunda compañía de entretenimiento más grande del mundo, sentí como si el peso del mundo estuviera sobre mis hombros. Ahí estaba yo, un afroamericano, trabajando para una compañía Fortune 50 en el Sur. Yo estaba no sólo representándome a mí mismo y mi apellido, sino que sentía que estaba representando a todos los afroamericanos. Actuaba de forma diferente a la mía verdadera para impresionar a mis superiores y mi personal. Para decirlo simplemente, pensaba que para encajar y ser exitoso, tenía que actuar como un "blanco". Aunque la compañía me ascendió porque era la persona correcta para el puesto, yo no consideraba que fuese lo suficientemente bueno como para estar en esa posición. Mis pensamientos, palabras y acciones estaban todas orientadas a tratar de ser algo que no era: un hombre blanco atrapado en el cuerpo de un hombre negro. Como consecuencia, llevaba una vida de circonio con relaciones artificiales, resultados falsificados y un futuro falso.

Después, un día llegué a comprender —en las mismas profundidades de mi alma —que Dios me hizo como Él quería que fuese. Ése fue el día en que me quité la máscara, me acepté a mí mismo y a mi herencia y decidí que estaba bien ser auténticamente yo mismo.

Sabes, Dios no hace circonio. Él sólo hace lo real: diamantes genuinos. Nosotros somos los que nos confundimos. Queremos creer que la imitación es mejor que la cosa real porque es más fácil ser una imitación que ser genuino.

¿Has conocido alguna vez a alguien que parece tenerlo todo y sin embargo está espiritual y emocionalmente en banca rota?

¿Alguien con una agenda llena de nombres y números de teléfonos pero sin relaciones significativas? ¿Una persona con una agenda llena pero un alma vacía? Otros a menudo consideran a estas personas realizadas. Pero para mí estas personas son como papel de regalo: son tan atractivas por fuera que casi olvidas que son tan delgadas como el papel. Tienen poca profundidad de carácter y pueden llegar a no conocer el verdadero éxito.

Una amiga mía una vez me contó una historia de su secundaria: El chico más guapo de su escuela, aquél al que todas las chicas querían conocer, la había invitado a salir a ella. Pero lo que comenzó como la mejor noche de su vida rápidamente se convirtió en la más aburrida. El joven era todo superficie y nada de alma. Por fuera tenía mucho brillo, pero debajo, no era nada más que un circonio.

¿Qué hay de ti? ¿Eres algo real? ¿Eres un diamante auténtico, o eres un circonia?

La gente auténtica está cómoda en su propia piel. Son sinceros consigo mismos. Están cómodos estando solos y no tienen que pertenecer a un grupo en particular para ser felices. La gente genuinamente diamante no se ve a sí misma en competencia con otros diamantes. Comprenden que no existen dos diamantes genuinos idénticos sino que cada diamante es extraordinario y valioso porque es único.

UN DIAMANTE VIVO:
La historia de Stuart

De niño, tenía muchas libras y pocos amigos. Por esta razón, pasaba una buena parte de mi tiempo solo, leyendo. Las cosas que leía me inspiraban a soñar que era delgado y aceptado. Un verano, leí la *World Book Encyclopedia* completa. Leía acerca de muchos personajes y ellos se volvieron mis amigos. Soñaba con visitar lugares y me perdía a mí mismo en esos viajes.

También miraba a las estrellas de baloncesto del momento y soñaba con ser alto y rápido como ellos. Mi ídolo era Wilt Chamberlain y miraba cada partido que los 76ers jugaran.

Un verano, mientras visitaba a mis parientes en Filadelfia, estaba en Fairmont Park cuando vi detenerse un coche compacto y a un gigante salir de él. ¡Era Wilt Chamberlain!

Corrí hacia él, y él me habló y me preguntó si me gustaba el baloncesto. Por supuesto, le respondí que me encantaba el deporte pero que era demasiado gordo para ser bueno en el juego alguna vez. Él me dijo algo que siempre recordaré: "Tú eres solamente tan bueno como piensas que eres. Hasta que te aceptes a ti mismo y te guste quién eres, nunca serás lo que estás destinado a ser".

Después de eso, me pasó la pelota de baloncesto que estaba en sus manos y dijo, "Veamos tu gancho", jugué con él hasta que partió. Después de esa experiencia, pensé mucho sobre lo que me había dicho.

Con el tiempo, me volví un chico alto, desgarbado. Elegí jugar al fútbol en la secundaria en lugar de baloncesto. Podía mirar sobre las cabezas de los defensores y arrojar un espiral fantástico. Cuando me gradué de la secundaria, ¡medía seis pies y una pulgada de alto y pesaba 160 libras! Y fui elegido como el estudiante con más probabilidades de tener éxito.

Creo que he triunfado. Las dos cosas que siempre quise hacer eran escribir un libro y tener un negocio. Hoy, soy escritor y el dueño de una compañía exitosa. Nunca he olvidado lo que Wilt Chamberlain me dijo aquel día. Desde entonces, me he visualizado haciendo lo que soñaba y lo he logrado.

Recuerdo un almuerzo de negocios que una vez tuve con un caballero de sesenta y nueve años en el sur de California. Le pregunté qué lecciones de vida tenía para compartir conmigo. Dijo, "Libérate de la necesidad de estar ensimismado. Comprende quién eres y abstente de creer que siempre tienes que impresionar a la gente". La gente genuina no siente la necesidad de impresionar a otros porque reconocen su propio valor y brillo.

La gente de circonio, por el contrario, se comparan a sí mismos con otros, trabajan duro para impresionarlos y tratan de hacer que la gente piense que ellos son algo que no son. En lugar de hablar desde el corazón y realmente conectarse con otros, la gente de circonio está usualmente ocupada en lograr una postura y en ser políticamente correcta, especialmente en los negocios. Dirán lo que es popular y lo que los otros quieren oír, antes de decir la verdad y obrar en consecuencia.

El pensamiento de circonio es el cáncer del brillo. Se esparce y afecta todos los aspectos de la vida. La gente de circonio tiende a estar preocupada por sí misma. Por ejemplo, valoran la perfección, de modo que a menudo se hacen pulir sus "facetas" externas con cirugía estética. Irónicamente buscan la perfección a través de la imitación. Una cosa interesante, la mayoría de la gente piensa que los diamantes genuinos son perfectos, cuando en realidad rara vez lo son. Casi todos los diamantes auténticos tienen inclusiones, y sin embargo brillan con intensidad a pesar de sus defectos. Hay perfección en la imperfección. En otras palabras, no tienes que ser perfecto para ser brillante.

Los pensadores de circonio siguen a la multitud en lugar de seguir a sus corazones. En realidad, necesitan esa multitud para reforzar sus creencias. La gente auténtica sabe que cuando defienden algo, a veces lo defienden en soledad. La gente de circonio se siente incómoda cuando se encuentran solos y a menudo no defienden nada en absoluto. No quieren ser la persona distinta, sola en una isla.

La gente diamante auténtica está lista para estar sola si esto es lo que se necesita para revelar su brillo. Considera algunos ejemplos de los tiempos modernos. Nelson Mandela fue apresado en la la flor de su vida por levantarse contra el apartheid en su tierra natal de Sudáfrica. Cuando finalmente fue liberado después de veintisiete años, en lugar de buscar venganza, perdonó a sus captores y a aquellos que habían causado estragos entre los negros sudafricanos. Su amor por la humanidad ha cambiado su país para siempre —y muchos dirían el mundo— para bien.

Erin Brockovich, una madre soltera de tres niños sin formación legal, descubrió pruebas de una contaminación potencialmente letal en el agua subterránea en Hinkley, California, producida por la compañía Pacific Gas & Electric. Luchando contra una enorme compañía, el sistema legal y ocasionalmente el pueblo al que estaba tratando de ayudar, Brockovich y un equipo de abogados finalmente ganaron el más grande acuerdo extrajudicial del que se tenga registro, $333 millones, por un juicio civil de demanda colectiva.

Cuando decides apartarte de la manada y ser auténticamente tú mismo, tus amigos y compañeros de trabajo pueden mirarte de manera diferente. Pero la gente genuina se siente cómoda diciendo, "Estoy bien conmigo mismo aún si tú no estás bien conmigo". Actúan según sus convicciones sin temer lo que la otra gente podría decir o hacer.

¿Te estoy pidiendo que seas un solitario? No, por supuesto que no. Pero te estoy diciendo que si deseas vivir una vida auténtica y brillante, puede haber momentos en que tengas que caminar solo. Y sin embargo, al mismo tiempo, creo que hay gente que está esperando en los bastidores a alguien que dé un paso fuera de la multitud y sea contundentemente diferente. Cuando elijas ser el diamante genuino que Dios quiso que fueras, atraerás a la gente apasionada de mentalidad similar y brillante que se unirán a ti.

Hoy, te invito a mirar en el espejo, quitarte la máscara y deshacerte de todo lo que está impidiendo que realmente eres revele su brillo. Reconoce quién eres genuinamente y elige vivir una vida auténtica en la que brilles con intensidad desde tu interior. Date cuenta de que vivir auténticamente es un proceso y lleva tiempo. Una imitación, una persona manufacturada, nunca tendrá la misma profundidad, fortaleza o resistencia que una persona genuina que ha sido refinada por el fuego.

Imagina cómo sería el mundo si todos amáramos auténticamente quiénes son y no nos sintiéramos obligados a adecuarnos a la imagen del éxito, la riqueza y la belleza que la sociedad impone.

VALORACIÓN PERSONAL

Te invito a responder las siguientes preguntas:

1. ¿Puedes identificar períodos de tu vida en los que operabas con total autenticidad? ¿Cómo te sentías? ¿Cómo era ese sentimiento comparado con esos tiempos en los operabas con mentalidad de circonio? En el futuro, ¿de qué forma prefieres vivir?
2. ¿Tienes temor a decir tu verdad? ¿Cuándo fue la última vez en que te apartaste de la multitud y tomaste medidas enérgicas o hiciste una sugerencia o afirmación atrevida que inquietó o molestó a tus superiores?
3. ¿De qué modo serás un modelo de autenticidad para aquellos que te miran como un mentor?

PULIR EL DIAMANTE

Aquí hay tres medidas a tomar para pulir tus facetas y elegir la autenticidad.

1. Pregúntale a tu pareja, compañero de tarea o amigo si percibe que pasas la mayor parte de tu vida viviendo auténticamente o como un circonio. Después, pídele a esa persona que te dé sugerencias específicas de cómo puedes elegir la autenticidad más a menudo.

2. Comprométete a liberarte del vocabulario, el pensamiento y las creencias de circonio que apagan tu brillo.

3. Considera las decisiones que tienes que tomar esta semana que pueden forzarte a estar aislado de la camarilla, el club, tus amigos o tus compañeros de trabajo. ¿Vale la pena elegir la autenticidad?

♦ Visita www.releaseyourbrilliance.com para obtener más recursos, ejercicios, consejos prácticos y herramientas para vivir auténticamente.

UNA GEMA PARA TI

¿Eres un diamante auténtico o un circonio?

CORTE: TOMA MEDIDAS AUDACES

"ES FÁCIL INCORPORARSE Y VER ALGO. LO QUE ES DIFÍCIL ES LEVANTARSE Y HACER ALGO."

—AL BATT, HUMORISTA

Un buen corte es esencial para revelar la verdadera belleza y brillo de un diamante. Sin él, aún un diamante con claridad y color sobresalientes no exhibirá el destello por el cual los diamantes son famosos. El corte (que no debe ser confundido con la forma de un diamante, que puede ser redondo, cuadrado, ovalado o con forma de pera) se refiere a las facetas que un hábil artesano crea al transformar un pedazo de diamante en bruto en uno pulido. Cuanto mejor sea el corte, más valioso será el diamante. Un diamante cortado con proporciones perfectas alcanza el máximo brillo. Internamente refleja la luz desde una faceta similar a un espejo a otra y luego hacia afuera a través de la parte superior de la piedra. Los diamantes que se cortan demasiado profundo o demasiado poco profundo pierden luz a través de los lados o de la parte inferior, y se convierten en piedras opacas, oscuras.

Un diamante no puede revelar su brillo hasta que un cortador experto se ponga en acción. Del mismo modo, tú no descubrirás y revelarás tu brillo hasta que tomes medidas específicas. Para revelar tu brillo, debes pulir las facetas de las relaciones, los miedos, las costumbres, el lenguaje y la influencia. A medida que tomes medidas en cada una de estas facetas, las experiencias resultantes te darán forma y suavizarán tus bordes ásperos. Una vez que el diamante es cortado, es una de las sustancias más fuerte de la Tierra. Cuando entras en acción, los pensamientos, sentimientos y seguridad asociados se arraigan en el centro de tu ser. La acción te hace más fuerte.

Un diamante puede tomar diversas formas, y del mismo modo puede hacerlo tu brillo de diamante. No importa qué forma tome. Lo importante es que el diamante ha sido transformado a través de una serie de elecciones y acciones. Cada pedazo en bruto tiene el potencial de ser una piedra invalorable. De manera similar, cada uno de nosotros tiene el potencial de alcanzar la grandeza y hacer una contribución invalorable. Todo radica en el corte.

♦ Visita www.releaseyourbrilliance.com para obtener más recursos, ejercicios, consejos prácticos y herramientas para planificar la acción.

UNA GEMA PARA TI
La acción te hace
más fuerte.

FACETA: INVIERTE EN CAPITAL DE RELACIÓN

"LAS PERSONAS SON COMO LOS ASCENSORES, TE LLEVAN HACIA LO ALTO, Y TE LLEVAN HACIA ABAJO."

–DAVE MARTIN, FILÓSOFO

Hace poco ofrecí una cena para algunos amigos, y la noche se convirtió en una discusión informal sobre todas las cosas bajo el sol. En tres horas cubrimos política, espiritualidad, cine, negocios, riqueza, raza y relaciones. Los diálogos eran espontáneos, y la conversación, preciosa. Era reconfortante ver a un grupo de individuos ser tan transparentes y auténticos. ¡No es necesario aclarar que resolvimos todos los problemas del mundo en solo una noche!

Una de las preguntas de discusión más populares fue "¿Cómo podemos mantener relaciones saludables?" Una persona dijo que los valores mutuos que no son negociables son esenciales cuando la situación se pone difícil. Otro dijo que el secreto es respetar, apreciar y celebrar a la otra persona siendo su admirador más entusiasta.

La conversación me dejó pensando, y después de que nuestros invitados partieron, me volví hacia mi esposa y le pregunté, "¿Quiénes, realmente son nuestros amigos?" Todos los años intercambiamos tarjetas de Navidad con muchos individuos y parejas, y sin embargo podíamos contar con los dedos de las dos manos las relaciones que eran significativas para nosotros. Eso fue una revelación para nosotros, y nos comprometimos a concentrarnos e invertir en nuestras relaciones más significativas.

¿Qué es una relación significativa? Creo, primero y sobre todo que es una en la que las dos personas son auténticas. Las relaciones significativas fortalecen tu alineación emocional al animarte a quitarte la máscara y dejar caer la fachada que te impide ser auténtico. Puedes ser tú mismo, decir lo que piensas y caerte de bruces, y la otra persona sin embargo todavía te querrá por ser quien eres. Estas relaciones están basadas en una confianza incondicional. No hay necesidad de jugar partidas mentales y nunca tienes que preguntar por los móviles de la otra persona.

Las relaciones genuinas tienen profundidad porque están basadas en valores compartidos que fortalecen el vínculo a través del tiempo. En una relación significativa, cada uno desea contribuir a la relación y a la vida de la otra persona. Los amigos auténticos son aquellos a quienes puedes llamar a las tres de la madrugada para que te ayuden, y que sabes que lo harán... con regocijo.

Por el contrario, las relaciones basadas en el interés son forjadas por conveniencia y egoísmo. Dicho en forma simple, estas relaciones no tienen que ver con quien eres; tienen que ver con lo que haces. La aprobación que cada uno hace del otro está basada en lo bien que te has desempeñado, como expresa la frase "¿Qué has hecho por mí últimamente?" Estas relaciones tienden a ser superficiales, sin profundidad real. La gente que tiene principalmente este tipo de relaciones interesadas a menudo se siente sola.

Déjame darte un ejemplo de cada clase de relación. Tengo dos grandes amigos, Calvin y Louis, con quienes tenemos relaciones significativas. Aunque viven en diferentes ciudades, hablamos al menos una vez por semana. Son mis compañeros de tarea y continuamente me animan a exigirme más allá de mis habilidades actuales. Saben que pueden contar conmigo, y yo con ellos. Ninguno lleva la cuenta de los débitos y créditos de la relación; simplemente fluimos.

En el pasado, mi esposa Renee y yo teníamos varias relaciones basadas en el interés, pero elegimos apartarnos de ellas. En cada caso, la relación estaba fuera de equilibrio, todo tenía que ver con las otras personas y rara vez con nosotros. Éramos fichas en su juego. Cuando elegimos no satisfacer sus demandas o no jugar sus juegos de acuerdo a sus reglas, se volvió claro que estas personas no eran amigos auténticos, de modo que terminamos las relaciones. La vida es francamente muy breve para invertir en una proposición sin futuro.

¿Cómo puedes decir si una relación es significativa o interesada? Primero, escucha tu corazón, tu intuición te dará una pista. Luego, considera si la relación te alienta a estar en alineación emocional o hace que salgas de alineación. En las relaciones auténticas, no tienes que preocuparte acerca de lo que los otros piensan de ti o dónde te paras. Tu satisfacción viene desde dentro de ti ya que estás aportando algo valioso a la vida de otra persona. En comparación, en las relaciones basadas en el interés, tu satisfacción viene de fuentes externas. Sientes constantemente la necesidad de complacer a los otros y de saber lo que piensan de ti.

El autor de varios libros y orador George Frazier nos aconseja que elijamos cuidadosamente las personas con quienes nos asociamos porque todos en la vida hacen una de cuatro cosas: nos suman algo, nos substraen algo, nos multiplican o nos dividen. Según su teoría, las relaciones significativas son aquellas que tenemos con personas que nos suman algo o nos multiplican, y las relaciones basadas en el interés son las que mantenemos con personas que substraen algo de nosotros o nos dividen. Las relaciones auténticas nos pulen y nos dan forma de modo que podemos brillar aún con mayor intensidad, mientras que las relaciones basadas en el interés disminuyen nuestro brillo.

¿Quiénes son tus amigos? ¿Por qué son tus amigos? ¿Son amigos genuinos o realmente son solo conocidos? ¿Suman algo a tu vida, sustraen algo de ti, te multiplican o te dividen?

Recuerda que serás como la gente con la que te vincules más. Creces en el contexto de tus relaciones. Si tus relaciones tienen un contenido limitado, entonces tu contexto será limitado. Quienquiera que hable a tu oído, le habla a tu vida.

UN DIAMANTE VIVO:
La historia de Lawrence

Tu ambiente y la gente con quien eliges asociarte son fundamentales para tu éxito. Varios años atrás, me encontraba en Des Moines, Iowa, manejando por las calles cubiertas de nieve con un auto lleno de adictos al crack, cuando miré por mi espejo retrovisor y vi un auto de policía. Sentí pánico y grité, "¡Todos guarden su droga y sus pipas! ¡Está la policía detrás nuestro!"

Estaba seguro de que el oficial de policía me haría detener y encontraría un auto lleno de drogas. Tenía tanta cocaína que, en realidad, si hubiese sido detenido, hoy estaría en prisión en lugar de haber estado sobrio durante los últimos diecisiete años.

Fue una bendición que no me pidieran que me detuviese y hoy pueda contar una historia diferente.

Ahora, elijo rodearme de otras personas emprendedoras, gente con un propósito, y mi realidad ha cambiado. Estoy viviendo mi sueño. Ahora soy el padre y esposo que siempre había querido ser. Mis hijos son estudiantes y atletas excepcionales y mi esposa es el amor de mi vida. Viajamos como familia a lugares exóticos alrededor del mundo. Me he convertido en un "hacedor de millonarios" y tengo la oportunidad de producir un impacto positivo sobre las vidas de otras incontables personas.

Con eso en mente, te invito a evaluar tu riqueza de relaciones. ¿Eres rico en amigos pero pobre en relaciones? Te sugiero que analices tus relaciones del mismo modo que revisarías tu cartera de acciones. Si tienes acciones o fondos de inversión mobiliaria a los que les está yendo considerablemente bien y están incrementando tu riqueza, ¿qué haces? Probablemente inviertes más dinero en ellos. Por el contrario, si tienes acciones que continuamente rinden por debajo de lo esperado y agotan tu riqueza, ¿las conservas? No, por supuesto que no. Las vendes e inviertes tu dinero en algo que te dará una ganancia mejor por tu inversión.

Ahora analiza tu "cartera de relaciones" del mismo modo. Identifica qué personas y relaciones reducen tu valor y apagan tu brillo, y sácalos de tu vida. Luego, invierte más tiempo y energía en esas personas y relaciones que incrementan y expanden tu brillo. Si haces crecer tu cartera de relaciones con conexiones que te suman algo a ti o te multiplican, con el tiempo te volverás un millonario en relaciones.

Invertir en capital de relaciones se parece mucho a invertir en el mercado de acciones. Ambas deberían ser consideradas inversiones a largo plazo. Si quieres que tu dinero crezca, inviertes en acciones de crecimiento. Si tomas en serio tu crecimiento personal, deberías invertir fuerte en relaciones de "crecimiento". Trabaja para establecer y mantener relaciones auténticas con gente que esté varios pasos delante de ti en las facetas de la corona en las que más quieras trabajar y que va a exigirte, empujarte y alentarte a ser mejor de lo que hayas sido alguna vez. Y recuerda, si una relación te reduce de algún modo, entonces no estás haciendo ganancias en esa relación, y es hora de "vender". Deja de invertir tu tiempo, energía, emociones e intelecto en algo —y alguien— que disminuye quien eres.

Te recomiendo que diversifiques tu cartera de relaciones invirtiendo en tres relaciones de crecimiento diferentes, cada una en un área central diferente de tu vida (por ejemplo: económica, espiritual y profesional) Si te concentras en más de tres, no puedes dedicarles suficiente tiempo o energía como para recibir ganancias de tu inversión. Estas relaciones te ofrecen consejos, expanden tu visión del mundo y aceleran tu aprendizaje. Sólo una de estas relaciones puede tener un gran impacto en tu vida.

De todas las relaciones de tu cártera, si eres casado, la relación con tu pareja es sin dudas la más importante. Merece tu mayor atención porque es la relación que puede brindarle el mayor valor a tu vida. Tu cónyuge más que nadie, debería sumar a tu vida y multiplicarte. Lo que es más, *tu pareja provee una parte fundamental de la combinación a la bóveda interior donde se conserva tu brillo. Puede pulirte y ayudarte a revelar tu brillo como ninguna otra persona.*

Si sólo tienes tiempo y energía para invertir en una sola relación, ésta debería ser la relación con tu pareja. Comunicate con tu pareja regularmente y con frecuencia, no en un nivel superficial sino en un nivel emocional profundo. Del mismo modo que con tus inversiones, si no prestas atención a tu relación con tu conyuge, con el tiempo perderá su valor. Perderás la sincronía, te desconectarás de tu pareja. El matrimonio funciona sólo si inviertes de veras en él.

EJERCICIO: *Haz crecer tu cartera de relaciones*

1. Elige tres áreas centrales de tu vida (*espiritual, familia, carrera, emocional, mental, social, económica, bienestar físico*) en las cuales te gustaría mejorar.

2. Para cada área central, identifica el (los) individuo(s) con quienes te gustaría construir o incrementar una relación.

3. Identifica cómo, específicamente, invertirás en cada relación.

Área central	Relación	¿Cómo invertiré en esta relación?

Invierte en capital de relaciones significativas e incrementarás tu propio valor y tu riqueza en relaciones. Si tienes una gran cantidad de conocidos pero unas pocas relaciones genuinas, eres rico o rica en amigos pero pobre en relaciones. Las relaciones de calidad proveen el ambiente ideal para que un diamante pula a otro y para que ambos revelen su brillo.

VALORACIÓN PERSONAL

Te invito a responder las siguientes preguntas:

1. ¿Cuáles de tus relaciones son auténticas y significativas y cuáles están basadas en el interés?
2. ¿Tú sumas, substraes, multiplicas o divides a la gente que te rodea? ¿Expandes o agotas las vidas de otras personas?
3. ¿Qué puedes hacer para incrementar tu capital de relaciones? ¿Cómo puedes invertir más en las relaciones significativas de tu vida? ¿Buscas constantemente formas de fortalecer tus relaciones con aquellos que son más importantes para ti?

PULIR EL DIAMANTE

Aquí tienes tres medidas a tomar para pulir tus facetas e invertir en capital de relaciones.

1. Identifica tres formas en que puedes invertir más en tu relación con tu pareja.
2. Construye un capital de relaciones con otros descubriendo qué es importante para ellos. Pregúntales cómo los puedes ayudar a cumplir su misión universal. Descubre qué necesitan de ti en el contexto de vuestra relación.

3. Incrementa tu brillo en relaciones auténticas de modo que ambos, tú y la otra persona, se beneficien.

♦ Visita www.releaseyourbrilliance.com para obtener más recursos, ejercicios, consejos prácticos y herramientas para construir tu cartera de relaciones.

UNA GEMA PARA TI

¿Eres rico en ámigos pero pobre en relaciones?

FACETA: DESPIERTA EL LEÓN QUE HAY EN TI

"LA VIDA SE REDUCE O SE EXPANDE EN PROPORCIÓN A NUESTRO VALOR."

—ANAÏS NIN, NOVELISTA

Gordon Dalby, escritor graduado de las universidades de Duke, Stanford y Harvard, cuenta la historia de un hombre que tenía un sueño recurrente aterrador. En la pesadilla del hombre, un feroz león lo perseguía hasta que él se desplomaba exhausto y despertaba gritando.

Finalmente, el hombre le contó a un amigo sus sueños aterradores. Suponiendo que el león representaba algo tremendo en la vida del hombre, el amigo le sugirió que tal vez simbolizara a su jefe o a su esposa. Entonces el amigo le dio al hombre un consejo: La próxima vez que tuviera ese sueño, debería tratar de no huir del león. Por el contrario, debería quedarse firme y preguntarle al león quién o qué era y qué estaba haciendo en su vida.

Poco después, el hombre tuvo el sueño nuevamente. Miró con terror cómo se acercaba el león, sacudiendo su enorme cabeza y dejando al descubierto sus colmillos como puñales. Temblando, el hombre le preguntó, "¿Quién eres? ¿Qué quieres?" El león respondió, "¡Soy tu coraje y tu fortaleza! ¿Por qué sigues escapándote de mí?"

¡Yo aprecio tanto las historias simples como ésta que simplemente te sorprenden con su verdad y sabiduría! ¿No es absolutamente verdadero que a menudo las cosas que tememos más no resultan ser nada? Todos tenemos coraje, pero como nuestro brillo, no siempre lo reconocemos por tal.

El temor es poderoso. Solamente el amor lo iguala en intensidad emocional. Pero mientras que el amor típicamente nos mueve a la acción, el temor tiende a paralizarnos. El temor nos impide hacer las cosas que sabemos que deberíamos hacer y nos impide realizar los deseos de nuestros corazones. Tú probablemente has oído la sigla para FEAR (*temor* en inglés): False Evidence Appearing Real (Evidencia falsa que parece real). Nuestros temores crean filtros que distorsionan la verdad y alteran nuestra visión de la realidad. Los filtros del temor asfixian nuestro coraje y aplastan nuestra esperanza. En consecuencia, nosotros simplemente nos recostamos en nuestras sillas y no hacemos nada o, aún peor, retrocedemos arrastrándonos y nos escondemos en nuestro caparazón como tortugas.

Parece que la lista de cosas que tememos es casi interminable. Naturalmente, mucha gente le teme a la enfermedad, a las dolencias y a la muerte. Les tememos a los criminales, a los desastres naturales y a la pobreza. Y después cada uno de nosotros tiene sus propias fobias. Por sobre todas esas cosas, tememos ser rechazados, ser diferentes... y ser iguales al resto. Tememos que se rían de nosotros y lo que la gente podría pensar de nosotros. Tememos no estar a la altura de las expectativas de los otros... o de las nuestras. Tememos al fracaso y tememos al éxito. Sí, así es: Muy a menudo, tememos al éxito. Tememos el mero poder de nuestro brillo, de nuestra luz y al hecho de ser el resplandeciente diamante que estamos destinados a ser.

¿A qué le temes? ¿De qué estás huyendo? Cuando mi padre emigró hacia los Estados Unidos desde Jamaica, unos cuarenta años atrás, él quería una porción del pastel americano. Pero temía que su acento, su falta de educación y su color de piel frenaran su avance. Se concentró en lo que no tenía y en por qué podría fracasar en lugar de hacerlo en la razón por la que podría triunfar. Finalmente, se dio cuenta de que no tenía opción sino hacer algo con su vida en Estados Unidos. No había nada por lo cual volver a Jamaica. Con pura decisión, se levantó por sobre sus temores y vivió una vida plena. De todos modos, yo me pregunto cuántos años vivió dándose por vencido frente a sus miedos.

Es fácil caer en la trampa de culpar a alguien o algo por tu falta de éxito. Hasta que te vuelves personalmente responsable de tu vida —de cómo piensas, qué crees, y cómo actúas— no podrás vencer tus miedos. De modo que deja de sentirte víctima, despierta al bravo león que está dentro de ti y sigue adelante con tu vida.

El temor puede ser tu amigo en lugar de tu enemigo si

aprendes a usarlo para ventaja tuya. Vencer aquello que temes es una clave que abrirá la bóveda interior donde se es-
conde tu brillo. Superar tus miedos revela la genialidad que
está en ti y le permite brillar a tu luz.

El coraje que necesitas para vencer tus miedos puede
tomar muchas formas. A menudo, puedes dar pequeños pasos para superar tus temores. Un buen ejemplo es hablar
en público. Cada pequeño paso te da confianza y fortaleza
para dar el próximo paso, y el siguiente, y el siguiente. El
coraje es un hábito que necesitas desarrollar todos los
días. La escritora Mary Anne Radmacher nos dice, "El coraje no siempre ruge. A veces el coraje es la pequeña vocecita
al final del día que dice, 'Trataré de nuevo mañana' ". Con
el tiempo, poco a poco, progresarás. Después, un día, levan-
tarás la vista y te darás cuenta de que has triunfado sobre tu
miedo.

Otras veces, tu temor será de un tipo que debe ser superado de una sola vez. Cuando temes algo como volar en
avión, tienes que saltar de cabeza y enfrentar tu miedo con la
cabeza en alto. En estos casos, el coraje es una decisión de
entrar en acción de forma inmediata y profunda. Una vez
que te recuperas del puro terror, tienes una sensación de absoluta euforia por haber vencido tu temor. En ese momento,
sabes que puedes —y lo harás— levantarte por sobre todos
tus miedos.

Requiere coraje defender aquello en lo que crees, especialmente si tienes que hacerlo solo o sola. A través de la historia
hemos visto muchos ejemplos de enorme coraje, tales como
Martin Luther King Jr., Mahatma Gandhi y la Madre Te-

resa, pero el mundo siempre necesita más gente de coraje. ¿Qué hay acerca de ti? No tienes que cargar sobre ti el mundo entero para mostrar tu coraje. Comienza con tu pequeño mundo. ¿Qué puedes hacer en tu comunidad, en tu escuela, en tu organización, en tu familia, en tu vida?

Aquí tienes un bocadito de información: En la Edad Media, los anillos con incrustaciones de piedras preciosas eran considerados no tanto piezas de joyería, sino más bien amuletos que otorgaban poderes mágicos a quien los llevara puestos, como ausencia de miedo e invencibilidad. Los monarcas comenzaron a usar diamantes como símbolos de poder y coraje. De modo similar, tu brillo de diamante puede ser un símbolo, un modelo de ausencia de miedo y coraje para aquellos que te rodean. Tú no eres menos diamante que los grandes líderes de la historia.

Tú simplemente no has desarrollado tanto coraje... *todavía*.

En las palabras del orador motivacional Michael Pritchard, "El temor es esa pequeña habitación oscura donde los negativos se revelan". Cuanto más pensemos en nuestros temores, más negativos nos volvemos, acerca de nosotros mismos, nuestras vidas, nuestros futuros.

¿Dónde está tu cámara digital? ¡Saca una foto de tu futuro! ¿Tienes las agallas para tratar de alcanzar algo que nunca has tenido antes, para convertirte en algo que nunca has sido antes? Da un paso fuera del cuarto oscuro de tus temores que te autolimitan, da un paso hacia el futuro que te corresponde y sé una hermosa, brillante y atrevida fotografía de coraje.

VALORACIÓN PERSONAL

Te invito a responder las siguientes preguntas:

1. ¿Cuáles son tus tres miedos más grandes?
2. ¿Qué podrías ser, hacer o tener en tu vida si superases estos tres miedos?
3. Si supieras que tendría un impacto, ¿tendrías el coraje de dar un paso fuera, correr un riesgo y defender aquello en lo que crees?

UN DIAMANTE VIVO:
La historia de Cooper

Desde que puedo recordar, he querido volar aviones. De niño construía todos los aeroplanos de juguete a los que podía echar mano y después los colgaba del techo en mi habitación. Pasaba horas en el aeropuerto local soñando con lo que imaginaba era la vida de un piloto. Pero al crecer, nunca me alentaron a realizar mi sueño, porque la gente "exitosa" no volaba aviones para ganar su sustento. La gente "exitosa" se dedicaba a los negocios. Para cuando fui a la universidad, el sueño se había desvanecido.

Hay un proverbio que dice, "La mejor fortuna de uno, o la peor, es su esposa". Mi esposa es indudablemente mi mejor fortuna por muchas razones. Mi sueño de convertirme en piloto fue reavivado cuando ella me regaló clases de vuelo como regalo de bodas. Fue entonces que encontré mi brillo:

un talento natural para volar. Es tan fácil para mí. Cuando vuelo, me siento con energías, concentrado, libre.

Comencé a pensar nuevamente en ser piloto profesional. Pero había tantas incertidumbres: ¿Cómo haríamos para llegar a fin de mes con el salario de un piloto? (Contrariamente a la creencia popular, los salarios de los pilotos principiantes están apenas por encima de la línea de pobreza.) ¿Podría sobrevivir nuestro matrimonio a los horarios de un piloto? ¿Podría viajar tanto y seguir siendo el padre que quería ser? Mis miedos me impedían seguir adelante.

Finalmente, llegué a un punto en que no podía soportar la idea de estar sentado a un escritorio los próximos treinta años cuando sabía que tenía lo que se necesitaba para ser un piloto. Mi matrimonio y familia eran ahora lo suficientemente fuertes como para sobrellevar el estilo de vida de un piloto, y mi esposa e hijos se convirtieron en mis mayores animadores. Durante los dos años siguientes trabajé en mi "empleo de día" para ganar el dinero para vivir y dejaba a mi familia todos los fines de semana para volar paracaidistas acrobáticos en un pueblo a noventa millas de mi casa. Pasaba las noches de los sábados durmiendo en un colchón de aire en un hangar en el aeropuerto. Para septiembre del 2001 tenía las calificaciones necesarias para conseguir un trabajo en una aerolínea regional. Y entonces llegó el 9-11.

Claramente, los efectos del 9-11 en mi vida no fueron nada comparados con lo que vivieron otros miles de personas. El desastre impactó la industria aeronáutica en su mismo centro y terminó u obstaculizó las carreras de miles de pilotos. Estar tan cerca de alcanzar el sueño de toda la vida, por el que había trabajado tan duro, y después soportar que me lo quitaran —posiblemente para siempre— fue un golpe devastador. Hubo muchos momentos en que quise rendirme, pero mi esposa no me lo permitió. Siempre me preguntaba qué clase de mensaje sería para nuestros niños. De modo que daría un paso hacia atrás, buscaría otro camino y probaría de nuevo. Elegí hacer algo, mantenerme yendo hacia delante.

Finalmente, tres años más tarde, las ofertas de trabajo empezaron a llegar. Hasta la fecha, las cinco ofertas han estado en el rango de salario de $20,000, en otras ciudades e implicando horarios muy incómodos (y con el requisito de estar siempre disponible). Aún así, déjame decirte, requirió coraje y fe rechazar esas ofertas. ¿Por qué las rechacé? Porque no estaban bien para mi familia. No vives tu brillo en un vacío. La forma en que usas tus dones y talentos afecta a las otras personas que comparten tu vida.

Estoy convencido de que finalmente llegará un trabajo como piloto que será más compatible con mi sueño y las necesidades de mi familia.

Cuando llegue, a pesar de lo emocionante que será, sé que necesitaré coraje para abandonar un buen salario y un estilo de vida conocido y adentrarme en lo desconocido. Todavía tengo muchos de los mismos miedos acerca de cómo se va a resolver todo, pero no permito que mis miedos me detengan. Mi lema es "Cruzaré ese puente cuando llegue a él".

Vivir una vida brillante no resulta necesariamente una cosa sencilla. Si miras demasiado lejos en tu futuro, podrías pensar que nunca llegarás allí. Simplemente sigue dando el próximo paso y celebrando los pequeños logros a lo largo del camino. Y recuerda, vivir tu brillo es una maratón, no una carrera corta.

PULIENDO EL DIAMANTE

Aquí tienes tres medidas a tomar para pulir tus facetas y despertar al valeroso león que hay dentro de ti.

1. Piensa acerca de temores que has tenido en el pasado y cómo los has superado. Escribe las lecciones que aprendiste de esas experiencias que puedes usar para eliminar miedos presentes y futuros.

2. En un momento de calma (como quince minutos antes de empezar tu día), minimiza tus temores y maximiza lo exactamente opuesto: tus resultados deseados. Imagina cómo sería superar esos miedos.

3. Piensa y escribe qué temores tendrías que superar para vivir una vida auténtica. Después, desarrolla y escribe cómo planeas dominar esos miedos.

Una gema para ti

Tememos al mero poder de nuestro brillo, de nuestra luz y al hecho de ser el diamante resplandeciente que estamos destinados a ser.

FACETA: ACTUALIZA TU SOFTWARE VERBAL

"EL HOMBRE ACTÚA COMO SI ÉL FUERA EL QUE LE
DA FORMA Y DOMINA AL LENGUAJE, CUANDO
EN REALIDAD EL LENGUAJE SIGUE SIENDO
EL AMO DEL HOMBRE."

—MARTIN HEIDEGGER, FILÓSOFO ALEMÁN

De acuerdo a *The Cambridge Enciclopedia of the English Language*, hay más de un millón de palabras en el idioma inglés. Pero nosotros sólo usamos entre dos mil y dos mil quinientas palabras, sólo una pequeña porción de las muchas de las que disponemos. Y, de acuerdo al Robbins Research Institute, cada uno de nosotros tiene solamente doscientas a trescientas palabras habituales que usamos regularmente para enmarcar nuestra realidad.

El lenguaje es el software de la mente. Como el software, el lenguaje es simplemente una herramienta que usamos para generar un producto específico. Las palabras pintan cuadros. Las palabras expresan pensamientos y comunican emociones.

Las palabras brillantes estimulan a la gente a actuar, y las palabras apagadas hacen que la gente se desconecte y se instale en la mediocridad.

Te invito a actualizar tu software verbal de modo que puedas acceder a los resultados deseados más rápido, a velocidades de banda ancha antes que a velocidades de acceso telefónico. ¿Cómo? Usando el "lenguaje de vida", palabras poderosas que capturan la misma esencia de la vida misma. El lenguaje de vida enciende el espíritu y compromete el corazón a alcanzar las estrellas. Les da poder a aquellos que se sienten impotentes. Hay un proverbio que dice, "La muerte y la vida radican en el poder de la lengua". La gente brillante habla en términos que realzan la vida.

Aquí hay algunos ejemplos de vocabulario que agota la vida en contraste con el lenguaje que realza la vida.

Frases que agotan la vida	Frases que realzan la vida
Me estoy muriendo por saber.	Me encantaría saber.
Me está matando.	Voy a superar esto.
No sé si soy lo suficientemente bueno.	Soy la mejor persona para esta oportunidad.
Nunca tengo lo suficiente para llegar a fin de mes.	Estoy rodeado de abundancia y tengo más que suficiente.
Estoy tan perdido en la vida.	Estoy yendo adelante con mi vida.

La gente que vive su brillo tiene una cosa en común: se dan poder a sí mismos usando habilidosamente el lenguaje de vida, para cambiarse a sí mismos y finalmente cambiar la forma en que ven el mundo que los rodea.

Tu vida en este preciso momento es la suma total de cada palabra que has pronunciado, en tu cabeza y en voz alta. Se citan estas palabras del filósofo del siglo veinte, Ludwig Josef Johann Wittgenstein, "Los límites de mi lenguaje significan los límites de mi mundo". Las palabras que usas determinan tus creencias. Tus creencias conducen a decisiones. Tus decisiones producen resultados, algunos buenos, otros malos. Todo depende de tu lenguaje.

¿Cómo lo sé? Durante muchos años, yo tuve muy baja autoestima. Estaba en bancarrota, tanto espiritual como económicamente. Creía que todos los nombramientos cómodos, las oportunidades de crecimiento y los grandes beneficios extras les llegaban a la gente popular. Yo ni siquiera tenía la oportunidad de competir en el mismo campo de juego porque creía que el suelo estaba inclinado para mi desventaja: yo venía del lado malo de la ciudad, y no tenía pedigrí de sangre azul ni una educación de una gran universidad. Lo que ofrecía no era aceptado, de modo que ¿por qué debería continuar intentando? Estaba constantemente diciéndome en mi cabeza que el resto de las personas eran mejor que yo. Ese pensamiento se volvió una creencia, y esa creencia se volvió mi realidad. Mi lenguaje interno saboteaba mi éxito. Tenía miedo de aceptar responsabilidad por mi éxito porque, si fallaba, no tendría a nadie más que culpar más que a mí mismo.

Un día, después de que había sentido una terrible pena por mí mismo, alguien me invitó a un seminario que resultó ser un momento de cambio en mi vida. El conferencista ese día era el Dr. Mike Murdock, fundador del The Wisdom Center (El Centro de la Sabiduría). El Dr. Murdock habló sobre algunas verdades profundas y una luz apareció en mi mente. Llegué a aceptar que yo era el que tenía el problema, no los demás. Y me di cuenta de que mientras que continuara hablando sobre mis déficits y mentalidad empobrecida, continuaría atrayendo más de lo mismo.

El Dr. Murdock nos alentó a todos a ir a casa y a escribir un "comercial" o afirmación de sesenta segundos y comenzar a internalizarlo. Aquí está el comercial que escribí yo.

¡Estoy entrando a la grandeza! Soy un excepcional y nuevo tipo de persona que el mundo nunca ha visto antes y nunca verá nuevamente. Nací para hacer grandes cosas.

Siempre he sido especial. Cuando entré al mundo, había una marca de grandeza estampada en mi vida. El beso de Dios está sobre mi vida.

Nací para ser una bendición para millones de personas de todo el mundo. Nací para triunfar como esposo, padre, disertante, escritor, director de negocios, inversionista y entrenador de vida.

Soy enérgico.

Estoy vivo y feliz.

Mi espíritu es contagioso.

Soy auténtico.

Estoy en contacto con mis sentimientos.

Estoy ungido.

Soy inteligente.

Soy un genio creativo.

Estoy en gran demanda como disertante profesional.

Soy una criatura de Dios.

Soy un líder.

Soy un gran pensador.

Soy económicamente independiente.

Soy el Presidente de la Junta de Directores.

Soy un hombre de gran fe.

Soy rico interna y externamente.

Soy atractivo.

Soy un gran trabajador.

Termino lo que comienzo.

Y como el hombre dotado que soy, ¡debería saber que todo el Cielo está esperando para ayudarme a hacer realidad cada sueño! Todo es posible si lo creo. ¡Nací para probar las uvas, de modo que trataré de alcanzar el vino de la vida al abrazar este momento!

En los años que siguieron al momento en que escribí eso, mi vida cambió dramáticamente. Puedes hacer cambios dramáticos en tu vida también. Si quieres cambiar tu futuro, entonces analiza tu presente. Si quieres cambiar los resultados que estás obteniendo, entonces cambia tu lenguaje. Actualiza tu software verbal y comienza a hablar el lenguaje de la vida que quieres en lugar del de la vida que quieres dejar atrás. Suprime tus afirmaciones y pensamientos negativos reemplazándolos por pensamientos y afirmaciones positivos, y fíjate qué sucede.

Tú eres el profeta de tu futuro. Cada palabra que liberes al universo tiene la energía creativa y el potencial para manifestar tu futuro. Las palabras poderosas, que realzan la vida, son las catalizadoras para disparar nuevas ideas, levantar tu espíritu y dejar salir tu brillo.

VALORACIÓN PERSONAL

Te invito a responder las siguientes preguntas:

1. ¿Cuáles son las palabras que usas cotidianamente?
2. ¿Tu lenguaje te está acercando o alejando de los resultados deseados?
3. ¿Hay algún lenguaje disfuncional en tu historia que está saboteando tu futuro?

UN DIAMANTE VIVO:
La historia de Anita

Hasta que tenía trece años, yo crecía sana y saludable. Era una niña feliz, satisfecha, que se destacaba en la escuela, en las amistades, y —lo más importante— en confianza en mí misma. Después fui abusada sexualmente.

El trauma infligido por el abuso sexual es tan profundamente doloroso que disminuye el espíritu de la persona. Sin duda, mi capacidad para creer en mí misma se perdió debido a los actos de dos hombres egoístas. Me culpé a mí misma por "provocar" el abuso. Comencé a encorvarme a propósito para esconder mis pechos. Perdí toda mi confianza en mí misma. Me sentía despreciable. Todavía lucho por creer en mí misma.

A pesar de esta cruel interrupción en mi desarrollo, me las arreglé para continuar. Fui una de las pocas "afortunadas", primeramente porque tenía algunos factores protectores en mi hogar y en el ambiente de la escuela. Es decir, tenía una madre que creyó en mí y tenía grandes expectativas para mí.

A veces, mi madre, que había reprimido los recuerdos de haber sido repetidamente abusada sexualmente durante la mayor parte de su niñez, podía ser verbalmente insultante y autoritaria.

Mirando hacia atrás, me doy cuenta ahora de que ella estaba dolorida también, pero no sabía por qué. Nunca se nos enseña cómo ser padres —el trabajo más importante que podemos tener— por lo tanto sé que mi madre hizo lo mejor que pudo dados los fantasmas de su niñez. Nunca tuvo la intención de apagar mi espíritu. Esta dimensión verbalmente abusiva se manifestaba como una respuesta al estrés, lisa y llanamente.

De todos modos, no comprendía esta dinámica cuando era niña, de modo que me lastimaba y acrecentaba mi duda sobre mí misma.

Somos productos de nuestra niñez. Todos los días, hago que mi hija sepa cuánto la amo y que creo en ella. Le rezo a Dios para que nadie nunca aplaste su espíritu. Está llena de vida ahora y no sabe nada de la violencia que he tenido que superar. Mi hija, como todo niño merece ser siempre alentada a tener seguridad y confianza en sí misma. Tiene tanto potencial. Como madre, uso el poder de las palabras de aliento y amor para guiarla.

La gente siempre se sorprende cuando se entera de que soy una sobreviviente de abuso infantil. Aparentemente no parezco de ese grupo. Vengo de una familia muy trabajadora, muy unida, de la clase media alta. Era modelo. Alcancé una educación superior y soy una exitosa ejecutiva del cuidado de la salud.

Entonces, ¿cómo superé con éxito esta difícil experiencia? A través del aliento y el apoyo de la gente clave que cree en mí. Mi madre me adoraba y aprovechaba cada oportunidad para decírmelo todos los días. El poder de las palabras ha sido instrumental en la reconstrucción de mi autoestima. Cuatro simples palabras pueden cambiar la vida: Yo creo en ti.

Lo que me transformó para impedir que fuera un adulto inseguro, tembloroso, fue la gente que creía en mí, y yo misma, aprendiendo a creer en mí misma nuevamente. Me di cuenta de que mi maravilloso esposo, mi talentosa hija, mis amigos, jefes, miembros de mi familia —toda gente que admiro— no podían estar equivocados.

Parte de mi brillo es que soy perseverante y decidida. Tenía objetivos, y nunca renuncié a mis sueños o a mí misma. Recitaba afirmaciones diariamente. Asumía desafíos que daban miedo y eran abrumadores. Aprendí que realmente puedes hacer cualquier cosa en la que te dedicas.

¡He triunfado y más! Redescubrí mi potencial y finalmente, y fundamentalmente, mi confianza en mí misma.

PULIR EL DIAMANTE

Aquí hay tres medidas a tomar para pulir tus facetas y actualizar tu software verbal.

1. Identifica tus diez palabras favoritas que describan la persona en la que te estás convirtiendo.

2. Piensa en palabras o frases que restan poder y energía que te decían cuando eras niño. Escríbelas. Luego, escribe la frase poderosamente positiva que se te ocurra para reemplazar cada una de ellas. Por ejemplo, reemplaza "Eres un mediocre" por "Soy un fomidable ganador".

3. Escribe tu propio comercial o afirmación personal. Usa el espacio en blanco para redactar un borrador de un mensaje de tres a cinco oraciones que te recuerde tu brillo. Para ayudarte en este importante intento, toma una copia de *Stand Up for Your Life* de Cheryl Richardson. Te proveerá estrategias nuevas de autoaceptación, para ayudarte a tomar consciencia de tu mayor potencial.

_____

_____

_____

_____

_____

_____

_____

_____

_____

_____

UNA GEMA PARA TI

*Eres el profeta de tu futuro. Usa el lenguaje de
la vida para crearte un futuro brillante.*

FACETA: DESARROLLA HÁBITOS DE ALTO IMPACTO

"EL HÁBITO, MI AMIGO, ES UNA PRÁCTICA PERSEGUIDA POR MUCHO TIEMPO, QUE FINALMENTE SE VUELVE EL HOMBRE MISMO."

–EVENO, POETA DE LA GRECIA ANTIGUA

La gente me pregunta con frecuencia cómo fui capaz de establecer un negocio tan próspero en menos de dos años después de dejar mi trabajo. Bien, hoy voy a revelarte uno de mis secretos.

¿Recuerdas el seminario de Mike Murdock del que te hablé en el último capítulo? Bien, aquí va otro poco de la sabiduría del Dr. Murdock. Él dijo: "Tú no decides tu futuro. Tú decides tus hábitos, ¡y tus hábitos deciden tu futuro!" Después continuó y dijo: "El secreto de tu futuro está escondido en tu rutina cotidiana."

A mí me impactó la naturaleza simple de esas afirmaciones. Y decidí comprobar si lo que decía era verdad.

Comencé a afirmarme a mí mismo todos los días leyendo en voz alta el comercial que compartí contigo en el último capítulo. Se ha convertido en un hábito diario para mí. Repetir mi comercial era embarazoso para mí al principio, pero después realmente comencé a creer lo que estaba diciendo. He reprogramado mi mente y mi espíritu al liberar al universo las palabras que están colmadas de mi energía y que son congruentes con mi verdad interna. Cuando te convences a *ti mismo* de que puedes tener éxito, ¡no hay forma de que no lo logres!

Repetir mi comercial todos los días fue el puntapié inicial que necesitaba para cambiar mi vida. Después me arremangué y me fui a trabajar. Comencé a levantarme temprano todas las mañanas y a pasar quince minutos escribiendo mi plan de negocios, creando una lista de posibles clientes, o escribiendo un capítulo para mi primer libro. En los viejos tiempos, me levantaba sólo con el tiempo justo para ducharme, afeitarme y llegar al trabajo. Pero decidí desarrollar el hábito de levantarme temprano y pronto los quince minutos se transformaron en tres horas. Mi ser entero se comprometió a hacer realidad mi sueño.

Entonces, ¿cuál es la clave? Cuando tenía diecisiete años empecé a decir que quería hablar por todo el mundo. De todos modos, decir algo es una cosa; *hacerlo* realmente es algo completamente diferente. No fue sino quince años después, a la edad de treinta y dos, que comencé a actuar para lograr lo que había estado diciendo todos esos años. Las afirmaciones, más la acción, fueron la clave para mí. Puedas o no creerlo, funcionó. Sé por experiencia de primera mano que lo que Mike Murdock decía es verdad: Tu futuro *ciertamente* radica en tus hábitos del presente y en tu rutina cotidiana.

Los humanos nos condicionamos a comportarnos de un determinado modo por repetición. Para cambiar una conducta en particular, tienes que reprogramar o volver a tender los cables de tu cerebro repitiendo una conducta nueva y diferente una y otra vez hasta que se creen nuevas sinapsis. Finalmente, si la nueva conducta es repetida con suficiente frecuencia y por un tiempo suficiente, comienzas a ver los resultados. Aunque se dice que lleva sólo treinta días de conducta repetida desarrollar un hábito, la investigación indica que realmente lleva al menos de tres a seis meses crear un hábito sólido. Sabrás que has desarrollado con éxito nuevas conductas cuando otras personas comiencen a notar el cambio en ti.

Una de las cosas más importantes que puedes hacer para mejorar tu vida es desarrollar *hábitos de gran impacto*. Éstas son las conductas y acciones que te llevarán más lejos y más rápido en la dirección del deseo de tu corazón. Las actividades de gran impacto aceleran el proceso de apertura de la cámara íntima y de revelado de tu brillo. Las actividades de bajo impacto, por el contrario, agotan tu energía, tu entusiasmo y tus esfuerzos y te impiden maximizar tu brillo.

¿Cuál es el primer hábito de gran impacto? Repetir tu comercial todos lo días, sin falta, comenzando ahora. Repítelo al menos dos veces al día,— una vez a la mañana y otra vez a la noche— y en cualquier momento que pienses en él, como cuando estás sentado en el auto, detenido por el tráfico. Repítelo en voz alta y comenzará a resonar y vibrar en tu ser interno.

Desarrolla el hábito de ser administrador de tu tiempo y energía. Lo que hagas con estos dos recursos determinará el resultado de tu vida. El tiempo es el más precioso activo del planeta, y sin embargo tendemos a dejar que se nos escurra en actividades que no nos hacen avanzar. ¿Cuánto tiempo pasas mirando la TV, respondiendo correos electrónicos y navegando en la Internet? Seré el primero en admitir que gasto demasiado tiempo en esas tres cosas. Me recuerdo a mí mismo diariamente que si quiero alcanzar mis objetivos económicos y de vida, no puedo permitir que estas actividades de bajo impacto consuman mi día.

Para ayudarme a controlar el tiempo que paso con mis correos electrónicos, desarrollé un nuevo hábito que te recomiendo probar también: me restrinjo a mí mismo a controlar mi correo sólo dos veces al día. Pruébalo. Crea dos bloques de tiempo, uno a la mañana y otro a la tarde, para responder todos tus mensajes. Te dejará atónito la cantidad de tiempo que dejarás libre para las actividades de gran impacto que son cruciales. Y para dejar de gastar tiempo absorto en la Internet, me impuse una nueva regla: navego por la red sólo con un propósito específico en mente.

¿Qué hay de ti? ¿Qué hábitos de bajo impacto tienes necesidad de quebrar? ¿Puedes limitar el tiempo que pasas mirando televisión o leyendo la sección deportiva del diario o jugando con la computadora, de modo que puedas concentrarte en desarrollar una serie de habilidades que te ayudarán a acercarte más a tus sueños y objetivos?

EJERCICIO: *Desarrollando hábitos de gran impacto*

Para cada uno de las ocho facetas de la corona de tu vida, identifica y escribe:
• Un hábito de bajo impacto que deberías abandonar.
• Un hábito de gran impacto que deberías comenzar a poner en práctica.
• Un hábito brillante que ya tienes y deberías continuar practicando.

FACETA DE LA CORONA	HÁBITOS DE GRAN IMPACTO		
	ABANDONAR *Hábitos de bajo impacto*	**COMENZAR** *Hábitos de gran impacto*	**CONTINUAR** *Hábitos brillantes*
Espiritual			
Familia			
Carrera			
Emocional			
Mental			
Bienestar físico			
Social			
Económica			

Uno de los mejores hábitos que he desarrollado surgió de esos quince minutos extras que encontré cada mañana, y literalmente ha transformado mi vida. Sugiero que lo pruebes: Crea el hábito de guardar energía y proteger tu espíritu con tu propia "hora de poder personal" cada mañana: veinte minutos de meditación, veinte minutos de ejercicio y veinte minutes de leer en voz alta.

Meditar concentra tu energía e intención en cuán brillante será tu día. Ejercitar le da vigor a tu cuerpo y crea energía e impulso para todo el día. Leer concentra tu mente. Vivimos en un mundo electrónico que se mueve a la velocidad de la luz. Tenemos acceso instantáneo a virtualmente cualquier información. Desafortunadamente, eso nos ha producido un déficit de atención y nos hemos olvidado de cómo concentrar nuestras mentes. Leer en voz alta no sólo nos mantiene concentrados sino que también expande tu vocabulario, aumenta tu confianza y te permite interactuar con el mensaje del autor.

Aristóteles dijo, "Está bien estar levantado antes del amanecer, porque tales hábitos contribuyen a la salud, la riqueza y la sabiduría." Cuando te concentras en las actividades de gran impacto en tu vida y te comprometes a hacer un hábito de cada una de ellas, tu brillo será más intenso que nunca.

VALORACIÓN PERSONAL

Te invito a responder las siguientes preguntas:

1. ¿Cuáles son tus tres primeras prioridades, las tres actividades que tendrán el más significativo, más positivo impacto sobre tu búsqueda para revelar y vivir tu brillo?
2. ¿Has hecho que estas prioridades sean parte de tu rutina diaria? ¿Son hábitos?
3. ¿Qué nuevo hábito de gran impacto puedes comenzar hoy?

UN DIAMANTE VIVO:
La historia de Beatrice

He hecho un hábito de recordar los nombres de las personas. Esto puede parecer sólo una habilidad social, pero realmente hace una buena impresión en tu vida profesional cuando puedes usar el nombre de una persona en un segundo o tercer encuentro sin pedir una nueva presentación.

En la universidad, era la presidenta de una sociedad de honor y cada semestre reclutábamos aproximadamente ochenta personas. Yo miraba sus nombres una y otra vez. Para el momento en que los conocía, sabía todos sus nombres. También prestaba atención a las conversaciones para ver quién era quién. Usualmente, para la segunda reunión, conocía los rostros que iban con los nombres.

Especialmente recuerdo una reunión de iniciados en la

que tenía que escribir nombres en una pizarra bajo diferentes proyectos para voluntarios. Cuando la gente levantaba sus manos para ofrecerse como voluntaria, los reconocía y les decía, "Gracias,..." y después su nombre. La sala estaba llena de murmullos asombrados por mi capacidad para hacer eso.

Hoy, en mi carrera, el éxito tiene mucho que ver con la gente que conoces. Cuando llamo a alguien por su nombre, me permite sentir el placer de tener la atención de esa persona y tal vez intercambiar alguna conversación. De algún modo, muestra que soy sagaz e inteligente.

Saludar a la gente por su nombre equivale a abrazarlos. Es un signo de bienvenida de tu parte y muestra que ellos son lo suficientemente especial como para que tú recuerdes su nombre. Me ayuda a hacer amigos rápidamente. Me alegra brindar esta calidez a aquéllos con quienes me encuentro. Usualmente me saludan con una sonrisa a cambio.

PULIR EL DIAMANTE

Aquí hay tres medidas a tomar para pulir tus facetas y desarrollar hábitos de gran impacto.

1. Durante los próximos siete días, haz una lista de tus actividades diarias. Determina qué actividades son de gran impacto —arrojan los resultados más altos y el brillo más intenso— y cuáles son de bajo impacto, arrojando resultados pobres. Después de siete días, pregúntate: "¿Cuáles actividades me ayudan a revelar mi brillo y me hacen más efectivo?"

2. Comienza cada día abrazando y practicando las técnicas de la hora de poder para agudizar tu concentración para el día.

3. Revisa cada una de las quince facetas de este libro y determina cuál es la más importante, aquélla sobre la cual necesitas lograr claridad inmediatamente. Comparte esta información con tu compañero de tarea y pídele a él o ella que te mantenga responsable de desarrollar un nuevo hábito para esa faceta. Después hazte de quince minutos a la mañana o a la noche y toma medidas que den comienzo a tu nuevo hábito. Repite esto todos los días hasta que ya no tengas que recordarte que lo hagas.

UNA GEMA PARA TI

Los hábitos de gran impacto aceleran el proceso de abrir la bóveda interior y revelar tu brillo.

FACETA: CAMBIA TU MUNDO

"CUANDO LE CONFIERES PODER A LA GENTE,
NO SÓLO TIENES INFLUENCIA SOBRE ELLOS;
ESTÁS TENIENDO INFLUENCIA SOBRE TODA LA
GENTE QUE ELLOS INFLUENCIAN."

–JOHN MAXWELL, ESCRITOR

La Quinta Sinfonía de Ludwig van Beethoven es una de las más memorables e influyentes composiciones en la música clásica. De acuerdo al periodista Meter Gutmann, Beethoven luchó por más de una década para desarrollar todo el potencial de la sinfonía, simplicando y ajustando constantemente la obra. Su influencia en última instancia marcó el comienzo un período importante de la música conocido como el período Romántico al principios del siglo XIX. Incapaz de concebir el enorme impacto que tendría, Beethoven sufría de una profunda agitación interna y un constante sentimiento de insignificancia. Pero su visión artística era irrefrenable.

A pesar de que comenzó a volverse sordo de joven, y en realidad estaba completamente sordo durante los últimos años de su vida, la discapacidad de Beethoven no afectó su brillo como compositor. En realidad, la mayor parte de sus geniales composiciones, entre ellas la conmovedora Quinta Sinfonía, fueron compuestas después de comenzar a perder su audición. La influencia de Beethoven sobre el mundo es indiscutible. Pone cualquier estación de música clásica, y rápidamente descubrirás cuán poderosa es su influencia aún hoy.

Ahora la pregunta es, si Beethoven pudo encontrarse a sí mismo y sobreponerse a su gran tragedia personal para influir la música clásica durante los siglos siguientes, ¿qué puedes hacer para tener influencia sobre tu mundo?

No tienes que ser un gran compositor o un gran atleta o un líder mundial para tener influencia. Tener influencia simplemente significa ser un modelo de creencias y comportamientos auténticos que alienten a otros a examinar quiénes son y dónde están. Las personas con influencia no tienen que golpear a la gente en su cabeza para lograr que ellos compren su opinión; ellos simplemente demuestran con el ejemplo. La gente recuerda más lo que haces que lo que dices.

Mark Chironna, mi entrenador de vida, dice. "Influencia es cuando tu alcance excede tu comprensión". Reflexiona sobre eso por un momento. Beethoven reveló su brillo y como consecuencia, casi doscientos años después de su muerte, todavía sentimos su alcance.

Una persona de influencia potencia su don extraordinario, sus talentos innatos y habilidades naturales para cambiar el mundo. Cada uno de nosotros es una persona de influencia natural a nuestro propio modo. Aunque pienses que tu trabajo, tu vida o aún tu existencia sobre la Tierra no tienen un impacto sobre nadie, te aseguro que sí la tienen. Tu vida puede ser la única "Biblia" que algunas personas pueden leer. ¿Qué ejemplos das a través de tus palabras, obras y acciones?

Te invito a darte cuenta de que hay más brillo dentro de ti de lo que has considerado. Tienes que decidir que tus días de andar en puntas de pie a través de la vida sin hacer ni un ruido, se han acabado. Es hora de que hagas un impacto en tu mundo: tu familia, amigos, trabajo, compañeros de trabajo, vecinos y conocidos.

Primero, debes cambiar tu propio mundo abocándote a las ocho áreas centrales de tu vida y puliendo tus facetas. Después puedes tener influencia sobre otros para cambiar sus mundos. No puedes embarcar a otros en un viaje que no has experimentado tú mismo; sólo puedes mostrarles dónde has estado y qué has hecho.

En mi experiencia, la persona promedio tiene la capacidad de influir significativamente sobre diez a veinte personas en toda su vida. ¡Y eso es exactamente lo que quiero que hagas! Que seas una de las personas que cambian el mundo, que primero cambies tu propio mundo, después ayudes a diez o doce personas de tu esfera de influencia a cambiar sus mundos. Ellos, a su vez, pueden ayudar cada uno en sus esferas de influencia, a cambiar los mundos de otras diez a veinte personas. De modo que aunque puedas influir directamente sobre sólo diez a veinte personas, ¡puedes influir *indirectamente* sobre literalmente cientos!

Cuando sabes cómo abrir tu bóveda interior, revelar tu brillo y brillar con intensidad, puedes conducir a aquéllos que todavía están en la oscuridad a la luz de la posibilidad.

Esos que están caminando en la oscuridad han olvidado su genialidad. No saben cómo abrir sus bovedas interiores y ser brillantes, como tú, y quieren vivir el brillo así como tú lo has hecho.

UN DIAMANTE VIVO:
La historia de Tessa

Mi talento radica en mi habilidad para afectar a la gente de tal forma que puedo cambiar sus vidas, ya sea dándoles poder, aumentando su autoestima y confianza, dándoles el coraje para tomar decisiones, o simplemente mostrándoles sus puntos fuertes, capacidades y atributos positivos.

Descubrí este talento cuando empecé a enseñar en el nivel de la escuela secundaria. A pesar de que era joven, sólo veinte años, la reacción de mis alumnos y sus padres me permitieron reconocer este don. Una vez que me integré al mundo corporativo, la continua reacción de colegas, contactos de negocio, clientes y gente que participaba de mis cursos de capacitación reforzaron mi confianza en mis habilidades.

He aprendido a través de los años de capacitación que hay mucha, mucha gente que se debilita a sí misma y limita sus oportunidades porque no cree en sí misma. Me da immensa satisfacción y gozo saber que casi todos los días, tengo la oportunidad de hacer un impacto positivo sobre alguien. Esto ha sido una maravillosa motivación para mí, no sólo personal, sino también profesionalmente. He llegado a darme cuenta de que los dones de la compasión, el cuidado, el escuchar y la ausencia de egoísmo son muy preciosos. Siempre que es posible, trato de usar mis dones para aumentar mis relaciones con la gente y dejar un "toque" donde puedo.

Al permitir que tu luz ilumine a otros, aumentas su capacidad de tener expectativas. Y tener expectativas es lugar de crecimiento para el brillo. Si no lo esperas, no lo conseguirás. Creo que es tu responsabilidad no sólo buscar, encontrar y revelar tu brillo escondido, sino también ayudar a otros a hacer lo mismo. Conduce a otros a encontrar la luz que iluminará sus caminos. Sin esto, continuarán tropezando por la vida en la oscuridad. Lo que es más, sus hijos— que, como ellos, nacieron con una genialidad y llenos de potencial— probablemente también vivirán en la oscuridad.

"Brillo inspirado" es un término que acuñé para describir cómo puedes influir en tu mundo. Inspirar significa "soplar vida dentro de" o "el acto de tener influencia y movilizar el intelecto y las emociones". Tu responsabilidad aquí sobre la Tierra es insuflar vida en cada persona con la que te encuentres y tener influencia sobre todas la situaciones, circunstancias, problemas u oportunidades que encuentres. Naciste para infundir tu brillo sobre otros. Sé una vitamina en lugar de una aspirina para el mundo que te rodea.

Hace un tiempo, yo estaba en Johannesburgo, Sudáfrica, en un viaje de negocios. Mi anfitrión me enseñó el término *ubuntu*, un concepto africano tradicional que significa "Yo soy porque tú eres. Tú eres porque yo soy". El principio de *ubuntu* es la humanidad hacia los otros... la noción de que una persona "se vuelve humana" a través de otras personas. El impacto y el peso de esta palabra me conmovieron. Me di cuenta en el momento en que la conocí que yo debía insuflar vida en todos los que entran a mi espacio y ayudarlos a descubrir sus dones, talentos, habilidades y capacidades con los que nacieron. Mi misión es hacer el mayor impacto posible en tu vida durante el tiempo en que estás en mi espacio.

¿Qué hay de ti? ¿Cómo influirás sobre otros en tu mundo? Cuando comprendes y operas como si existieras para los demás, tu vida ya nunca es la misma.

VALORACIÓN PERSONAL

Te invito a responder las siguientes preguntas:

1. ¿Sobre quién tienes influencia personal o profesionalmente? ¿Cómo sabes que los estás ayudando a revelar su brillo?
2. ¿Quién son los mentores, entrenadores y personas de influencia en tu vida? ¿Con qué frecuencia te reconectas con ellos para seguir siendo brillante?
3. ¿Qué cosa puedes hacer para influir brillantemente sobre la próxima generación?

PULIR EL DIAMANTE

Aquí hay tres medidas a tomar para pulir tus facetas y cambiar tu mundo:

1. Haz una lista de tres cosas que estás haciendo actualmente para influir sobre el mundo que te rodea. Si no se te ocurren tres, incluye cosas que te gustaría hacer que harían una

diferencia. Luego piensa y escribe las medidas que debes tomar para hacer que esas cosas sucedan.

2. Aprende a reír. La clase de risa de la que estoy hablando viene desde un lugar profundo en tu alma. No es una sonrisita o una mueca; es una risa que te hace doler el estómago. Cuando ríes, cobras vida emocionalmente. Todos los que te rodean sentirán tu energía brillante, radiante. Tu luz iluminará su oscuridad. En tanto te pules a ti mismo, pules a otros.

3. Examina las relaciones, recursos y situaciones que tienen influencia sobre tu vida. ¿Revelan tu brillo o lo apagan?

♦ Visita www.releaseyourbrilliance.com para obtener más recursos, ejercicios, consejos prácticos y herramientas para cambiar tu mundo.

UNA GEMA PARA TI

Revela tu brillo… sé una vitamina antes que una aspirina para el mundo que te rodea.

CARATES: DECIDE CUÁN GRANDE QUIERES SER

Si alguna vez has entregado o recibido un anillo de compromiso de diamante, probablemente sepas algo acerca de los quilates de un diamante, o al menos sepas que cuando se trata de diamantes, cuanto más quilates tenga, mejor. Un quilate es la medida de peso de un diamante, un quilate pesa 0.2 gramos. El peso en quilates no afecta la calidad de un diamante; simplemente mide el peso y por lo tanto el tamaño. Los diamantes más grandes son más caros porque son más raros y más buscados que las piedras más pequeñas de la misma calidad. Una piedra de cinco quilates cuesta muchísimo más que cinco piedras de un quilate de la misma calidad.

La tradición de dar anillos de compromiso de diamantes

comenzó en 1477 cuando el archiduque Maximiliano de Austria le compró a su futura esposa, María de Borgoña, un diamante lo suficientemente grande como para enceguecer a cualquiera con su brillo. Esta tradición de regalar grandes anillos de diamantes se expandió a través de todo el mundo judeo cristiano. Desde ese momento, los hombres con frecuencia han gastado dos a tres veces sus salarios mensuales para comprar el diamante de más quilates que pueden afrontar para darles a sus futuras esposas. Aceptémoslo: Cuando se trata de diamantes, cuanto más grande es, mejor.

¿Cómo se relaciona esto con tu intento de abrir la bóveda interior y revelar tu brillo de diamante? No hay dudas de que tú serás un diamante de excepcional claridad, color y corte. La cuestión es, ¿cuán grande serás como diamante? ¿Solamente un pequeño brillo trémulo o el más brillante resplandor que el mundo haya visto? ¿Sólo ves las limitaciones de tus capacidades o ves posibilidades ilimitadas? Has jugado a ser pequeño por demasiado tiempo. Deja de disminuir tu confianza en ti mismo para acomodarte al pensamiento y la visión limitados de otra persona. Cualquiera que te esté deteniendo no reconoce tus dotes.

Los quilates representan el tamaño de tu pensamiento, las posibilidades que ves para ti mismo. Si quieres expandir tu brillo, expande tu pensamiento. Si tienes la intención de vivir una vida grande y brillante, tienes que pensar más allá de tu nivel de comodidad actual. Tienes que dar un salto mayúsculo. Tienes que convertirte en un Abrillantador™.

Guy Laliberté, un acordeonista, y Daniel Gauthier, un animador de circo callejero y sus amigos hippies de Canadá estaban a punto de ser arrestados por vagancia cuando estaban de gira en una camioneta remendada por varios festivales callejeros de arte. Después, en 1987, Laliberté se arriesgó a hacer un concierto decisivo en California en el Festival de Los Ángeles.

"Íbamos para allí pagando apenas por la gasolina", recuerda. "El festival no entregaba dinero por adelantado. De modo que dije, 'Correré el riesgo, pero denme algo de publicidad y la noche de apertura.' Fue un éxito. Al día siguiente, los revendedores estaban haciendo dinero con nosotros. Pero si hubiésemos fracasado, no hubiésemos tenido dinero para traer nuestros equipos de vuelta a Quebec."

Laliberté quería ser grande, por lo tanto pensaba en grande. Hoy, gimnastas, malabaristas, bailarines, clavadistas, payasos, músicos y nadadores revelan su brillo a través de los espectáculos permanentes del Cirque du Soleil en Las Vegas y Orlando y saliendo de gira para hacer espectáculos alrededor del mundo. Esto es un ejemplo real del dar un salto de fe y ver las posibilidades de potencial ilimitado.

¿Cuán grande ves tu futuro?

Hoy te invito a crecer y convertirte en el árbol secuoya más alto, no te contentes con ser simplemente una hoja de pasto.

Da un salto mayúsculo y vive la vida más allá de los dedos de tu mano y de tus pies. Sé el diamante inmenso que debes ser.

UNA GEMA PARA TI
Si quieres expandir tu brillo,
expande tu pensamiento.

FACETA: CREA RIQUEZA ESPIRITUAL

"CUANDO EXAMINAS LAS VIDAS DE LAS PERSONAS
MÁS INFLUYENTES QUE HAYAN CAMINADO ALGUNA
VEZ ENTRE NOSOTROS, DESCUBRES UN HILO QUE
LAS ATRAVIESA A TODAS. SE HAN IDENTIFICADO
PRIMERO CON SU NATURALEZA ESPIRITUAL Y
SÓLO DESPUÉS CON SU SER FÍSICO."

—ALBERT EINSTEIN, FÍSICO

Conoces gente que gasta sus salarios completos en artículos de consumo sólo para impresionar a la gente que ellos no estiman con cosas que no pueden pagar? Se nos ha hecho creer que si usamos las ropas más caras, manejamos los autos más modernos, vivimos en los mejores barrios, comemos en los más finos restaurantes y concurrimos a los eventos exclusivos para invitados, entonces somos "ricos".

Por favor, comprende… no hay nada malo en disfrutar de las cosas más refinadas de la vida. Ni tampoco está mal aspirar a elevar tu nivel de vida. De todos modos, si tu único móvil es impresionar a otros, entonces puedes llegar a descubrir que eres rico en dinero pero pobre en espiritualidad. La parafernalia del lujo no colmará tus necesidades espirituales. Y todas las posesiones materiales del mundo no te comprarán una respuesta para la pregunta que quema en tu corazón: "¿Por qué estoy aquí?"

Cuando la mayoría de la gente piensa en la riqueza, piensa en la riqueza material o económica. Yo pienso que necesitamos expandir ese concepto. Creo que la verdadera riqueza es un tema espiritual. La riqueza es más que un sueldo, un plan 401 (k), un dividendo adicional, una cartera de acciones, un fondo fiduciario o un plan de retiro.

La riqueza es un sistema de creencias, un modo de pensar. Las personas ricas nunca se asientan; no aceptan el status quo. La gente rica; quiere "primera clase". La gente con pensamiento empobrecido toma lo que se le da y nunca piden más. Aquellos que están en bancarrota espiritual tienen miedo de convertirse en la persona que podrían ser. Viven por debajo de su privilegio espiritual y constantemente se quedan con lo que la vida les entrega.

Si tienes la intención de ser rico espiritualmente, debes adoptar una nueva forma de pensar y mentalmente trasladarte al *penthouse* en tu espíritu. No hay nada para ti en el sótano de la vida. Todas las cosas buenas están arriba. No te quedes en el piso de más abajo cuando podrías estar viviendo en el lujoso penthouse de arriba de todo.

Cuando te sucedan cosas negativas, no te desalientes. Aliéntate a ti mismo diciéndote y creyendo una verdad simple: que esto, también, pasará. No permitas que los contratiempos se vuelvan una forma de vida permanente y sofoquen tu espíritu. Rompe la caja de creencias limitadoras que te tiene atrapado. La forma en que te ves a ti mismo determina lo que atraerás a tu vida. Cree en ti mismo y en el poder de tus capacidades. Espera que sucedan cosas buenas y ten presente que las mereces. Recuerda, eres rico. Eres valioso. ¡Eres invalorable!

Esto no es una exageración, ni tampoco una psicología popular *New Age*. Ésta es una verdad eterna sobre el potencial ilimitado escondido dentro de ti. Tu riqueza espiritual crecerá exponencialmente cuando inviertas tiempo en construir tu valor en ti mismo antes que tu valor en la red.

La Biblia nos dice que debes amar a tu prójimo como a ti mismo. Y aunque ese dicho podría parecer obvio y trillado, amar y apreciar realmente a la persona que eres probablemente no es algo tan común. Si alguien examinara cómo te hablas a ti mismo y cómo te tratas a ti mismo, ¿verían una persona amable y amorosa? Pienso que te impactaría descubrir cuán dañinas pueden ser algunas personas hacia ellos mismos. Si trataran a otros del modo en que se tratan a ellos mismos, podrían muy bien terminar presos.

Nunca serás un diamante enorme en quilates hasta que puedas amarte y aceptarte incondicionalmente. No puedes castigarte constantemente y esperar revelar tu brillo de forma profunda o que pueda cambiar el mundo. No importa cuánto pulas tus otras facetas y hagas lo correcto, si no has aprendido a amarte a ti mismo, no serás tan grande o tan brillante como Dios quiso que fueses. Concéntrate en construir tu propio valor y en acumular riqueza espiritual y cosecharás maravillosas recompensas en el futuro.

En los tiempos antiguos, los diamantes eran muy valorados por su conexión espiritual. Los antiguos romanos creían que los diamantes eran esquirlas de estrellas fugaces; los griegos, que eran lágrimas de los dioses. Platón incluso escribió acerca de los diamantes como seres vivos que encarnaban espíritus celestiales.

Debemos pensar acerca de nosotros mismos de la misma forma espiritual. Los grandes pensadores de nuestro tiempo dicen que no somos seres humanos que tienen una experiencia espiritual sino seres espirituales que tienen una experiencia humana aquí sobre la Tierra. Nuestro brillo de diamante está basado en la espiritualidad. Si esto es verdad, todo lo que necesitas para triunfar viene de tu espíritu.

Tu propósito, entonces, es hacer crecer tu riqueza espiritual hasta el punto en que puedas compartirla y regalarla. Usa tus habilidades, capacidades, dones, tiempo y energía para cumplir tu misión universal y servir a otros. Al invertir la energía de tu vida en actividades llenas de propósito y significado, aumentas tu riqueza espiritual y encuentras felicidad y gloria en tu interior. Acumularás riqueza espiritual una vez que aprendas cómo vivir desde dentro hacia fuera, en lugar de hacerlo de afuera hacia adentro.

Creo que la riqueza espiritual no tiene nada que ver con la adquisición de posesiones materiales. Para mí, tiene que ver con encontrar una plenitud interior, por medio de la cual acepto todo lo que Dios me ha dado y lo potencio para brillar con toda intensidad todos los días de mi existencia. No colgué el Sol ni la Luna. Soy incapaz de contar las estrellas en el cielo nocturno. Ni siquiera puedo ver el aire que respiro.

Pero en mi espíritu, sé que se me han dado todas estas cosas para mi gozo y mi uso.

Mi riqueza espiritual no crece o decrece con las fluctuaciones del mercado de valores o por la suma de dinero que hay en mi bolsillo. Soy rico o rica porque he aceptado quién soy y porque me gusta la persona en quien me estoy convirtiendo. Si no me aceptas por lo que soy, está bien. Dormiré toda la noche de todos modos. Y seguiré amándote por lo que eres: un ser espiritual, exactamente igual a mí, en busca de un tesoro llamado riqueza espiritual.

VALORACIÓN PERSONAL

Te invito a responder las siguientes preguntas:

1. ¿Eres rico en dinero pero estás en bancarrota espiritual? Si es así, ¿por qué? ¿Qué puedes hacer para cambiar la situación?
2. ¿Cuándo fue la última vez que compartiste una palabra amorosa con alguien y levantaste el espíritu de esa persona con esa palabra?
3. ¿Qué herencia de riqueza espiritual dejarás para la próxima generación?

UN DIAMANTE VIVO:
La historia de Gretchen

Creía que podía trabajar y poner voluntad en mi camino hacia el brillo y el éxito... descubrí que se necesita más que eso.

Siempre me he concentrado en educarme a mí mismo de una forma u otra, además de generar y trabajar en negocios. Y siempre he sido el tipo de persona que se motiva e inspira para buscar y encontrar la verdad en todas las cosas, no sólo para proveer mayor profundidad, significado y comprensión acerca de la vida, sino también para estar mejor equipado para hacer frente a los desafíos de la vida.

Mi búsqueda de la verdad tenía lugar de la manera fría, interesada en sí misma, que nuestra sociedad genera tan fácilmente. Debajo de esa búsqueda de la verdad estaba la necesidad de aceptación, reconocimiento y de una posición personal segura. Como muchos otros, tenía un ego que alimentar, y me encontré en la batalla convencional por "salir adelante", a veces sin tener una comprensión completa o sin tomar responsabilidad por las consecuencias.

Y, sin embargo, toda la experiencia que he tenido a lo largo del camino estaba allí para un propósito específico: para enseñarme algo que necesitaba saber, sin importar si estaba física o emocionalmente listo para ello. Poco sabía yo que estaba poniendo en su lugar los componentes básicos que me permitirían un día darme cuenta de aquello a lo que algunos se refieren como mi "brillo".

Entonces tuve una experiencia de vida para la cual no

estaba en absoluto preparado: la muerte de un ser querido especial. Caí en un profundo duelo y tuve una conmoción. No sabía cómo enfrentar mi futuro. Con el tiempo, reconocí que el espíritu de mi ser querido seguramente no podía haberse desvanecido. ¡Era demasiado valioso, demasiado especial! Representaba la pureza y el amor... ¿cómo podía terminar?

De algún modo, esta experiencia se convirtió en un catalizador para el cambio. Todo el estudio, todo el trabajo arduo, toda la búsqueda de la verdad, comenzaron a dar su fruto de formas nuevas e inesperadas. Finalmente supe que el dominio infinito existía y todos éramos "uno", antes que —como se lo ve convencionalmente— individuos que comparten este planeta. Todo se hizo claro. Me di cuenta de que el mundo de individuos —que yo solía pensar que se parecía a la escena del bar en Star Wars, con más diferencias que similitudes— era una ilusión. Estamos conectados por una fuerza espiritual en común, una inteligencia compartida consciente y su fuerza motriz es el amor.

Con esta verdad, mis motivaciones en la vida cambiaron dramáticamente de la búsqueda de la perfección y del avance centrado en mí mismo, consciente de mi ego, a un profundo deseo de servir a toda la humanidad. Llames a esto brillo o lo llames encontrar el propósito de uno... la verdad es la misma.

PULIR EL DIAMANTE

Aquí hay tres medidas a tomar para pulir tus facetas y crear riqueza espiritual.

1. Haz una lista de tres cosas que puedes hacer para aumentar tu propio valor en lugar de tu dinero.
2. Escribe todas las maravillosas bendiciones en tu vida y maravíllate de cuán rico eres realmente.
3. Identifica diez cosas positivas que te hayan sucedido esta semana y compártelas con tu abrillantador. Después pídele a él que comparta lo mismo contigo.

UNA GEMA PARA TI

Revelar tu brillo consiste en aumentar tu valía,
no tu cuenta en el banco.

FACETA: CRISTALIZA TUS MOMENTOS DE LA VERDAD

"A TODA PERSONA LE LLEGA ESE MOMENTO ESPECIAL EN EL QUE LE TOCAN EL HOMBRO PARA QUE HAGA ALGO MUY ESPECIAL, EXCLUSIVO PARA ÉL. QUÉ TRAGEDIA SI ESE INSTANTE NO LO ENCUENTRA PREPARADO PARA EL TRABAJO QUE LO LLEVARÍA A SU MOMENTO DE GLORIA."

—WINSTON CHURCHILL, PRIMER MINISTRO BRITÁNICO

En 1903 los hermanos Wright hicieron historia en Kitty Hawk, Carolina del Norte, con el primer vuelo exitoso en aeroplano. Con Orville en los controles, el avión voló 120 pies (37 metros) y estuvo en el aire doce segundos. Los hermanos hicieron tres vuelos más ese día. El más largo, de Wilbur, fue de 852 pies (260 metros) en cincuenta y nueve segundos. Sólo imagina lo que estaba pasando por sus mentes cuando intentaban hacer volar una máquina. Cada vuelo ese día era "un momento de la verdad" que generaba el impulso positivo para probar otra vez. Cada esfuerzo incrementaba su fe, coraje, tenacidad y fortaleza.

The *Merriam-Webster Collegiate Dictionary* define *momento de la verdad* como un "momento crucial, crítico o decisivo del que dependen muchas cosas". Momentos de la verdad son esos profundos momentos en nuestras vidas en los que piezas del rompecabezas de nuestra vida se nos revelan. Estos momentos te estremecen y te quitan la respiración. Es como si una luz se encendiera en tu cabeza, algo hiciera clic y de repente ves con más claridad el significado y el propósito de tu vida.

Algunos momentos de la verdad son ocasiones mágicas, gozosas, en las que tienes la oportunidad de celebrar la sincronicidad de la vida. Otros tienen lugar cuando llegas a una encrucijada en tu vida y debes decidir qué dirección tomar. Y finalmente, algunos momentos de la verdad son grandes puntos de giro —momentos en los que la tragedia o el trauma te hacen tomar consciencia del gran cuadro, el mayor propósito de tu vida.

Cada momento de la verdad tiene el poder y el potencial de darte forma y darle forma a tu futuro. Cada uno puede ser un catalizador para el cambio, si se lo permites. Pero primero debes prestar atención a esos momentos e invertir tu energía en cristalizar su significado.

La palabra cristalizar tiene al menos dos definiciones: "Hacer claro" y "darle una forma permanente a." Resulta interesante el hecho de que estas dos definiciones van bien con nuestro uso aquí. Cuando tú cristalizas tus momentos de la verdad, verás tu vida más claramente, y luego puedes usar esa comprensión para hacer un cambio permanente, duradero.

¿Cómo cristalizas un momento de la verdad? El proceso implica tres pasos.

1. **Estar presente en el momento.** Incorpora todo. Concéntrate en el momento que tienes a mano usando todos tus sentidos. Simplemente observa la situación sin ninguna noción preconcebida acerca de lo que significa todo.

2. **Descubrir el significado del momento.** Cada momento de la verdad tiene un propósito. Busca la verdad de la lección de la vida formulándote las preguntas "¿Cómo se relaciona esta experiencia con mi vida?" "¿Qué debo aprender de esto?" Ábrete y deja que el momento te enseñe.

3. **Aplicar la lección a tu vida.** Ahora que sabes la verdad o que tienes la pieza perdida del rompecabezas, ¿qué deberías hacer para generar un cambio permanente, duradero? ¿Qué puedes hacer para cristalizar la lección en tu vida?

Puedes generar un impulso que te permita avanzar en tu vida al asumir tus momentos de la verdad. Tu vida es una serie continua de momentos, y cada momento representa una lección. Si usas cada lección para cambiar algún aspecto de tu vida, generarás un ímpetu grandioso. El ímpetu, a su vez, genera resultados monumentales. Si no te gustan los resultados que estás obteniendo, examina los momentos que componen tu vida. Usa tu ímpetu para abrir la bóveda interna y revelar tu brillo que ha estado escondido allí por tantos años.

Luego, usa tu ímpetu nuevamente para hacer un salto mayúsculo y vivir una vida de altos quilates.

Creo que si Orville y Wilbur Wright vivieran hoy, te dirían que cada momento contiene las semillas de posibilidades ilimitadas, las oportunidades de generar ímpetu que cambie la vida.

- Cada pensamiento optimista sobre el futuro crea un impulso.
- Cada palabra positiva que dices contiene potencial creativo que genera un impulso.
- Cada temor que enfrentas y superas genera un impulso.
- Cada oportunidad que aprovechas genera un impulso.
- Cada contratiempo es una invitación a retomar tu foco y generar un impulso.

Hoy te invito a maximizar y cristalizar tus momentos personales de la verdad. Cuando aprendes a usar las lecciones de estos momentos, puedes cambiar tu vida y darle forma a tu futuro. Los momentos de la verdad no deben ser evitados; deben ser asumidos y usados para crear un impulso positivo, que cambie tu vida.

VALORACIÓN PERSONAL

Te invito a responder las siguientes preguntas:

1. ¿Cuándo fue la última vez que experimentaste un momento de la verdad? ¿Fuiste consciente del significado del momento? ¿Qué hiciste después respecto a él?
2. ¿Qué puedes hacer para dominar los momentos de tu vida y potenciar su valor?
3. ¿Cómo puedes aprender a estar más "presente en el momento"?

UN DIAMANTE VIVO:
La Historia de Mercedes

A los veintiún años, tienes toda tu vida por delante. Al menos eso es lo que pensé la mañana de mi cumpleaños número veintiuno. Pero para el final del día, mis padres y 158 personas más estaban muertos, y yo estaba gravemente herida, varada a mi suerte en las montañas de Colombia. Hasta ese momento, yo había tenido una vida casi perfecta: una gran familia, una carrera exitosa en la universidad, muchos amigos cercanos y un nuevo novio maravilloso. Pero todo eso llegó a su fin el 20 de diciembre de 1995, debido a una "serie de errores humanos".

Yo soy una de las únicas cuatro personas que sobrevivieron a lo que los expertos han llamado un accidente de avión "imposible de sobrevivir". Durante las dieciocho horas en que esperé para ser rescatada —y nuevamente en el hospital donde los médicos me dieron sólo un 20 a 30 por ciento de posibilidades de sobrevivir— pensé que mi vida probablemente había terminado. Recé por una segunda oportunidad y prometí que si se me daba ese don, haría que no fuera en vano.

Mi vida cambió para siempre ese día. El accidente fue un punto de giro en mi vida y el primero de muchos momentos de la verdad críticos. Sirvió como un despertador y un recordatorio inolvidable de que debería comprometer empeño cada día para lograr lo mejor en mi vida personal y vivir una vida llena de gratitud. Y fue un anuncio de cosas a venir, de desafíos que nunca hubiera podido imaginar. Había muchas más batallas físicas y emocionales por delante: despertarme sola en un hospital en un país extranjero, enterarme de la muerte de mis padres por reporteros de la televisión en vivo, soportar cinco intervenciones quirúrgicas, aprender a caminar nuevamente, viajar en avión apenas un mes después de dejar el hospital, llamar a la máquina contestadota de mis padres simplemente para oír sus voces y sobreponerme a limitaciones físicas permanentes. El más duro de todos fue aceptar y afrontar la pérdida de mis padres a tan temprana edad.

Por la gracia de Dios, se me otorgó otra oportunidad de vida. Supongo que podría haber jugado a ser una víctima y amargarme por mi destino. Pero en cambio, elegí vivir... *realmente* vivir. A lo largo de la oscuridad de esos meses después del accidente, las elecciones que yo hice intencionalmente en cada momento de la verdad se volvieron un proyecto para mi vida. Hasta el día de hoy, esas mismas elecciones continúan dándome el combustible y el ímpetu que necesito en mi búsqueda diaria para vivir una vida satisfactoria, exitosa.

Cuando se hizo evidente que viviría, me prometí a mí misma, y a Dios y a mis padres y a las 158 otras personas que habían muerto ese día, que mi segunda oportunidad en la vida valdría la pena. De modo que varios años más tarde, dejé un lucrativo empleo en ventas médicas y me convertí en conferencista motivadora para expandir el mensaje de que no hay mañanas automáticos. Demasiada gente opera bajo la presunción de que siempre habrá un mañana automático en el que se darán el lujo de arreglar los problemas de hoy, de corregir los errores del hoy y de hacer las cosas que desearían haber hecho hoy. Como resultado, no tienen urgencia en la vida. Se permiten quedarse paralizados por sus circunstancias y se atascan en la rutina en el modo supervivencia, incapaces de disfrutar todo lo que la vida tiene para ofrecerles.

La tragedia es un maestro poderoso. Me ha enseñado que nuestro destino está determinado no por lo que nos sucede, sino por las elecciones que hacemos. Cada mañana en que nos despertamos, se nos da el don de una segunda posibilidad en la vida. Con cada nuevo día, tenemos la oportunidad de volver al camino, de encontrar serenidad y felicidad, y de ser la persona que cada uno de nosotros nació para ser. *¿Qué vas a hacer con tu segunda posibilidad hoy?*

PULIR EL DIAMANTE

Aquí hay tres medidas a tomar para pulir tus facetas y cristalizar tus momentos de la verdad.

1. Identifica tres momentos de la verdad que hayan tenido el impacto más grande en tu vida. ¿De qué forma te cambiaron para siempre?
2. Comprométete a asumir tus momentos de la verdad y anotarlos en un diario. Explica el significado de cada momento y cómo pretendes cristalizar ese significado.
3. Escribe tres cosas que puedes hacer para generar impulso positivo en tu vida.

UNA GEMA PARA TI

Los momentos de la verdad crean impulso, y el impulso conduce a resultados monumentales.

FACETA: AMPLÍA TUS POSIBILIDADES

"LOS HERMANOS WRIGHT VOLARON A TRAVÉS DE LA CORTINA DE HUMO DE LA IMPOSIBILIDAD."

—DOROTHEA BRANDE, ESCRITORA

De acuerdo a un estudio reciente, hay siete millones de millonarios en los Estados Unidos. Con una población de casi 300 millones de personas, ¿por qué sólo siete millones? ¿Por qué no hay más millonarios? ¿Cuál es el problema con el resto de nosotros?

¡Absolutamente nada! El problema es que pensamos en pequeño y jugamos pequeño. Pensamos que es imposible lograr los deseos de nuestros corazones, de modo que nunca esperamos nada más grande que el espacio en el que estamos parados en este momento. Podríamos soñar grande, pero tememos realizar ese sueño y convertirnos en quienes siempre hemos querido ser. Ciertamente hay gente brillante que hace cosas grandiosas, pero la mayoría de nosotros no vemos esa posibilidad para nosotros mismos.

Vivimos en una sociedad que alienta la mediocridad y el

conformismo. A la mayoría de nosotros se nos enseña a ir a la escuela, alcanzar un nivel de educación, conseguir un trabajo, casarnos, comprar una casa y... asentarnos. Se nos ha condicionado para conformarnos y asentarnos, aceptar la mediocridad y no sacudir el barco. Hemos sido entrenados para creer la mentira que dice, "Esto es lo que me ha tocado en la vida y esto es lo que debo aceptar".

La gente que juega sin arriesgarse atrae a su espacio todo lo que parece ser imposible. La gente que cree que cosas más grandes y mejores son posibles, atrae oportunidades, situaciones y circunstancias más grandes y mejores. Esta gente de altos quilates hace que las cosas imposibles sean posibles. La gente que se rehúsa a conformarse con menos y empuja más allá de los límites son los que son brillantemente exitosos. Pensar en pequeño, hablar en pequeño y actuar en pequeño no está en su ADN. Aún cuando sus espaldas están contra la pared, oyen una voz que habla a su espíritu, urgiéndolos, "Todo es posible, si lo crees".

Ahora, ¿creer en la posibilidad significa desear una mansión sobre una colina, un Rolls Royce en el garage y sirvientes a tu disposición? La respuesta es no. La gente de altos quilates no está controlada por cosas materiales o riqueza excesiva, aunque estas cosas son ciertamente lindas y a menudo llegan como parte del juego.

Creer en la posibilidad significa elegir ser un "destinador," no un historiador. Un destinador estudia el camino del destino. Los destinadores están sintonizados con la frecuencia universal del "próximo gran suceso". Ellos se preparan para crear el futuro antes de ser controlados por él. Están abiertos a sus sentimientos tanto como a sus pensamientos. Como mi entrenador de vida, Dr. Mark Chironna, una vez me dijo: "El pensamiento sucede en la mente; pero sientes tu camino al futuro al escuchar tu espíritu, que se encuentra en la bóveda interior de tu corazón".

Dondequiera que estés en este preciso momento en la vida —empleado o sin empleo, feliz o aburrido, con grandes sueños o sin ellos— decide ahora mirar todo en tu vida como una brillante oportunidad. Como quiera que te sientas sobre tu situación, yo realmente creo que si lo imposible se volvió posible para mí, es posible para ti también. Revelar tu brillo es buscar y potenciar las incontables opciones e ilimitadas posibilidades que existen para ti.

Tal vez no quieres ser el centro de la atención. Tal vez prefieres jugar sin riesgos y lograr que todos piensen que eres modesto, realista y humilde. Bien, para aquellos que quieren pensar en pequeño, adelante. Este mensaje es para aquellos que han jugado sin arriesgarse por suficiente tiempo y están listos para revelar su brillo de forma magnífica, descomunal.

Todo es posible cuando aceptas que la imposibilidad no es una opción. Conviértete en un pensador de posibilidades. Pensar en la posibilidad es creer que TODO es posible, no sólo algunas cosas, no sólo las cosas sencillas, TODAS las cosas.

Es verdad que hay algunas cosas en la vida que no puedes controlar, y supongo que podrías categorizarlas como imposibles. De todos modos, creo que aún las cosas que no puedes controlar son posibles. ¿Por qué? Considera este pensamiento de W. N. Murray en su libro *The Scottish Himalayan Expe-*

dition: "En el momento en que uno se compromete definiti-
vamente, entonces la Providencia se mueve también. Todo
tipo de cosas suceden para ayudalo a uno que de otro modo
no hubieran sucedido nunca. Una cadena completa de sucesos se desprende de la decisión, produciendo a favor de uno
todo tipo de incidentes y encuentros y asistencia material no
previstos, que ningún hombre podría haber soñado que lle-
garían a su camino".

Sí, yo realmente creo que TODAS las cosas son posibles.
¿Qué piensas tú?

UN DIAMANTE VIVO:
La historia de Terry

Todos nosotros creíamos que cualquier cosa era posible
cuando éramos niños. Pienso que todos tenemos ese don
cuando somos chicos. Afortunadamente, nunca perdí
totalmente esa capacidad. Ha sido sacudida, pero de algún
modo mi fe en posibilidades más grandes sobrevive.

Cuando era muy joven, atravesé un período en el que
quería ser médico. Mis padres tenían una colección de
enciclopedias médicas que sólo estaban en la biblioteca para
acumular polvo. Bien, yo me imaginaba que si quería ser
médico, todo lo que tenía que hacer era aprender lo que
saben los médicos. Todos los días, venía a casa, sacudía uno
de esos libros y simplemente leía. En mi corazón, yo pensaba
que si leía lo suficiente y sabía lo suficiente, después, con el
tiempo sería médico.

Hoy, todavía aplico esa misma estrategia a la vida... nada

es imposible si estás equipado con suficiente conocimiento, fe y confianza como para abordarlo. Creo que con la suficiente preparación, la gente finalmente irá hacia donde sus corazones los conduzcan.

Ahora, cuando los amigos hablan acerca de las cosas que quieren hacer, entro a la Internet y comienzo a buscar información para ellos. Quiero hacer todo lo que puedo para ayudarlos a hacer realidad sus sueños. Una amiga me dijo que quería aprender español y viajar, pero nunca la vi dando pasos para conseguir ese objetivo. Para su cumpleaños, le regalé un libro acerca de Puerto Rico... ¡en español! Las acciones concretas producen resultados concretos. Si ella quiere lograr algo, entonces yo quiero eso para ella. Y como amigo, estoy deseoso de hacer algo para alentarla.

Lamentablemente a medida que he ido creciendo, me he dado cuenta de que muchas veces estamos más deseosos de actuar y dar apoyo a los sueños de nuestros amigos y familia que a los nuestros. Nos metemos en un cómodo surco y en lugar de interrumpir esa comodidad para satisfacer nuestros deseos, simplemente aceptamos el status quo y seguimos caminando por la vida. Esencialmente, preferiríamos mirar desde la comodidad de la tribuna en lugar de salir al campo de juego.

Nunca me convertí en médico. Pero al hacer cosas para lograr ese objetivo, aprendí lo suficiente sobre medicina como para saber que simplemente no era para mí. Eso me liberó para realizar otros sueños en mi vida. No me arrepiento de no haber seguido ese camino. Pero, ¿qué hubiera pasado si el costo de ir a la facultad de medicina y los años de internado que se requieren me hubieran impedido siquiera explorarlo? Tal vez estaría todavía deseando mi propio consultorio y hubiera gastado mi vida lamentando un sueño que en realidad nunca fue mío.

¡Siempre hay oportunidades para aquellos que ven las posibilidades!

Practica el pensamiento de las posibilidades tomando la decisión de ser más grande. Es así de simple. Todo se reduce a una decisión, la decisión de creer. Porque el tema no es que algunas cosas son imposibles. El tema es que tú *piensas y crees* que algunas cosas son imposibles. Una vez que cambias tu manera de pensar y te comprometes con la creencia de que TODAS las cosas *son* posibles, el Cielo y la Tierra se moverán para que así sea. Yo estoy aquí para decirte, basado en mi experiencia, que si simplemente tomas la decisión y luego pones un pie delante del otro, puedes, en realidad, lograr cualquier cosa que tu corazón desee. Tienes el potencial de convertirte en tanto más de lo que eres. Nadie puede detenerte sino tú.

¿Es posible que exista un diamante sin defectos y tan grande que los expertos en diamantes del mundo lo consideren invalorable?

No sólo es posible, es verdad.

El De Beers Millennium Star fue descubierto en la República del Congo a principios de los 1990s. Les llevó más de tres años a los cortadores de diamantes darle forma a la piedra con lasers. Lo que surgió fue el único diamante en el mundo sin defectos internos o externos, de 203 quilates, en forma de pera. Fue presentado como la pieza central de la colección de diamantes De Beers Millennium. De Beers creó la colección como símbolo de los deseos y sueños del mundo para el futuro.

¿Es posible que tú puedas ser un diamante tan grande en tamaño que el deseo, la luz y el brillo que proveas al mundo sea invalorable?

No sólo es posible, es cierto.

VALORACIÓN PERSONAL
Te invito a responder las siguientes preguntas:

1. ¿Estás explorando y viviendo una vida de posibilidades, o estás jugando sin arriesgarte?
2. ¿Te has conformado con algo menos de lo que deseas porque piensas que lo que deseas es imposible? ¿Conformarse se ha convertido en una forma de vida permanente? Examina la situación. ¿Es realmente imposible o tú simplemente piensas que es imposible?
3. ¿Cuán grande te puedes ver a ti mismo, tu alcance y tu influencia?

PULIR EL DIAMANTE

Aquí hay tres medidas a tomar para pulir tus facetas y ampliar tus posibilidades.

1. Escribe los nombres de tres personas que hayan superado obstáculos extraordinarios y averigua cómo hicieron posible lo "imposible".

2. Encuentra un entrenador de vida o mentor que te motive a liberarte del pensamiento de circonio y a practicar el pensamiento de las posibilidades.

3. Todos los días, prográmate algún momento de reflexión para aquietar tu alma, lejos del ajetreo y bullicio del día, y escribe en tu diario. Un diario es una cartera de posibilidades, un lugar donde volcar tus pensamientos y sueños para lo que podría ser posible en tu vida. Escribir un diario te ayuda a procesar lo que está en tu alma y a organizarlo en pensamientos coherentes. Eso es importante porque la calidad de tu vida está determinada por la cualidad de tus pensamientos.

♦ Visita www.releaseyourbrilliance.com para obtener más recursos, ejercicios, consejos prácticos y herramientas para identificar y eliminar tus Bloqueadores de Brillo (Brilliance Blockers™) y expandir tus posibilidades.

UNA GEMA PARA TI

Todo es posible cuando aceptas que la imposibilidad no es una opción.

¡EUREKA!
SOY UN
DIAMANTE BRILLANTE

"EL LLAMADO A LA AVENTURA LLEGA DE MUCHOS
MODOS, SUTILES Y EXPLÍCITOS, A LO LARGO DE
LOS AÑOS. ES UN LLAMADO AL SERVICIO, A ENTREGAR
NUESTRAS VIDAS A ALGO MÁS GRANDE QUE NOSOTROS
MISMOS. EL LLAMADO A CONVERTIRNOS EN AQUELLO
PARA LO QUE NACIMOS: EL LLAMADO A
ALCANZAR NUESTRO DESIGNIO VITAL."

—JOSEPH JAWORSKI, ESCRITOR

Déjame que proyecte sobre la pantalla de cine de tu mente una imagen de tu futuro, una imagen de ti revelando tu brillo de diamante y completando tu destino. Tómate un momento para pensar cómo sería eso.

Ahora, imagina la escena usando todos tus sentidos. ¿Qué ves? Pinta el cuadro tan vívidamente como puedas con todos los colores de la paleta de un pintor. ¿Te ves a ti mismo siendo saludado por compañeros de trabajo y directivos entusiastas, recibiéndote al comenzar un emocionante trabajo nuevo? O tal vez ves tarjetas de negocio recién impresas que representan la culminación de años de trabajo arduo y compromiso.

¿Qué oyes? ¿Es el sonido de cientos de personas aplaudiendo tus logros o la apagada voz adormecida de un niño acurrucado en tu cuello? ¿Cómo sabe tu brillo? ¿Como el champán más fino con el que brindas por tu éxito? ¿O el gusto exótico de nuevos y diferentes platos servidos en restaurantes y cafés de todo el mundo?

¿Qué hueles? ¡Sí, tú puedes oler tu brillo! Tal vez es el olor a perfume o colonia mientras te vistes con ropa fina preparándote para una reunión con una persona de influencia clave. O el olor a pintura fresca y alfombra nueva al abrir las puertas de tu negocio por primera vez o al entrar a tu nueva casa.

El toque del brillo puede sentirse como el instrumento musical en el que despliegas tu genialidad artística, el peso de tu primer libro publicado o la calidez del abrazo de otra persona.

Ahora imagina lo que se siente por dentro cuando encuentras la combinación de la bóveda interior, le quitas la llave y dejas salir el brillo de diamante. ¿No es liberador no tener que compararte más con todo el resto de las personas? ¿Qué sientes cuando redescubres tu increíble valor y valía después de todos estos años? ¿Cómo te sientes al ser auténticamente *Tú* y encontrar tu voz, tu luz?

En el último año, les he formulado a más de mil personas la siguiente pregunta: "¿Cómo te sientes cuando dejas emanar tu brillo, cuando tu alma y tu espíritu están completamente absortos en una actividad que te hace sentir vivo?" Aquí simplemente están algunas de las respuestas más comunes.

- Completo
- Totalmente concentrado
- Natural, sin tener que hacer esfuerzo
- Realizado

- Conectado
- Satisfecho
- Confiado

- Absolutamente fuerte

Para mí, revelar mi brillo de diamante crea una sensación de euforia, *una profunda sensación de gozo que se ha convertido en parámetro de cómo debería sentirse mi vida todos los días.* Llamo a esto "brillo realizado", la combinación y la sinergia de todas las partes de tu ser interno y externo. Es lo que consigues cuando combinas la claridad de una comprensión profunda con la creencia blanca pura y la acción de pulido del diamante. El brillo realizado es el "clic" final de la cerradura de la bóveda interior donde tu potencial de diamante se encuentra.

Muchas personas creen en un sexto sentido. Lo llaman de diversos modos: percepción, intuición, vista mental, hasta incluso percepción extrasensorial. Yo, también, creo que hay un sexto sentido, pero creo que éste es un sentido de fe. Vuelve al cuadro de tu futuro en tu mente, y usa ese sentido ahora...

¿Es realmente tan difícil creer que eres tú el que está en ese cuadro? ¿No ves que la persona que está en el cuadro es la persona que debes ser? En verdad, es la persona que ya eres; esa persona simplemente está enterrada dentro de ti. Tu brillo es tu esencia, una extensión de ti. En lo profundo de tu alma, ¿crees que eres un diamante brillante? ¿Tienes fe en que puedes pulir los bordes y revelar el diamante que está dentro de ti? Renuncia a la persona que has sido y elige convertirte en el diamante que Dios quiso que fueras. ¿Qué estás esperando?

No importa qué te ha sucedido en la vida —mala suerte, malas circunstancias o malas elecciones— decide *ahora* levantarte y ser brillante. Te estoy invitando a pasar de simplemente existir a vivir apasionadamente, a transformarte de opaco en deslumbrante. Todas las herramientas que necesitas para revelar tu brillo están dentro de ti. Han estado allí todo el tiempo, desde que eras un brillo en el ojo de tu padre y un puntito en el vientre de tu madre. Estas herramientas son tus pensamientos, tus creencias y tus acciones. Son la combinación a la bóveda interior.

Tal vez recuerdas que al principio de este libro te sugerí que lo leyeras una vez completo, y aquí estás. Ahora es el momento de ponerse a trabajar. Si todo lo que haces es leer este libro, lo más probable es que nada cambie en tu vida. Hasta que encuentres un compañero de tarea, tu propio abrillantador, y completes los ejercicios de la Valoración personal y pulir el diamante, no habrá transformación evolutiva para ti. Para abrir la bóveda interior y revelar tu brillo, tienes que HACER algo.

Antes en este libro, identificaste cuál era tu posición en el Espectro de brillo en ese momento. Ahora te invito a realizar el mismo ejercicio nuevamente, indicando dónde estás en el continuum *hoy*.

EJERCICIO: *El Espectro de brillo*

Más abajo hay un modelo para ayudarte a identificar tu capacidad actual para revelar tu brillo. Deslumbrante, por supuesto, es lo que estás buscando. Traza una línea vertical para indicar dónde crees que estás en este preciso momento en el Espectro de brillo.

OPACO ←————————————→ **DESLUMBRANTE**

Compara tu posición de hoy en el espectro con tu posición cuando comenzaste tu transformación. Entonces... ¿ves el cambio? Ya has pulido tus facetas lo suficiente como para moverte hacia delante en el espectro. A medida que continúes puliendo y perfeccionando tus quince facetas, descubrirás más áreas que necesitan atención. Revelar tu brillo es un viaje, no un destino. Es un proceso continuo de pulir y volver a dar forma al diamante que eres tú, de volverte más deslumbrante con cada día que pasa.

Cuando dedicas tu energía espiritual, mental y física a alcanzar algo en lo que crees, la bóveda interior que contiene tu brillo de diamante se abre desde dentro. La palabra *diamante* viene de la palabra griega *adamas*, que significa "inconquistable". Cuando estás viviendo tu brillo de diamante, no hay límite para lo que puedes lograr, llegar a ser o hacer.

Vivir tu brillo no es lograr riqueza material o prestigio, aunque esas cosas pueden venir con él. Cuando revelas tu brillo, no haces un trabajo, cumples un propósito: cambias tu mundo. Diseña tu vida alrededor de tu misión universal y luego despierta a la realidad de que *estás* destinado a la grandeza.

El brillo de un diamante es medido por algo llamado refracción de la Luz, la cantidad de luz refractada a través de la parte superior del diamante y dirigida a la persona que lo contempla. El brillo de tu diamante también puede medirse por la refracción de la Luz, cuánta luz liberas y haces brillar en el mundo.

En 1866, un niño pastor llamado Erasmus Jacobs encontró una pequeña piedra brillante en la ribera sur del río Orange cerca de Hopetown, Sudáfrica. La piedra finalmente llegó a un médico, una de las pocas personas en la zona que sabía sobre minerales y gemas. El médico identificó la piedra como un diamante de 21.25 carates. Se lo llamó Diamante Eureka y dio comienzo a una fiebre de búsqueda de diamantes similar a la Fiebre del Oro en California.

Eureka significa literalmente "lo he encontrado" en griego. La expresión se le atribuye al matemático griego Arquímedes, que estaba tan emocionado por su descubrimiento de cómo determinar la pureza del oro en el siglo III antes de Cristo, que salió del baño público donde estaba y corrió a su casa desnudo, gritando todo el tiempo, "¡Eureka! ¡Eureka!"

Aún hoy usamos la palabra para expresar nuestro triunfo cuando encontramos o descubrimos algo de importancia o valor. Y ¿hay algo más importante o valioso que descubrir tu brillo de diamante?

Durante los últimos veinte años he estado en un viaje para

descubrir mi propio brillo y comprender cómo dejarlo brillar. Me doy cuenta ahora de que estoy aquí para ayudar a
otros a encontrar la combinación a sus ocultas bóvedas interiores, abrirlas, revelar su brillo e iluminar el mundo. Es mi
sincero deseo y mi plegaria que de algún modo te haya ayu-
dado a descubrir el sorprendente brillo que estoy seguro está
dentro de ti. Tengo fe en ti. Tú tienes lo que se necesita para
pulir tus facetas y transformarte en un enorme, deslumbrante
diamante.

Cuando ese momento llegue, cuando encuentres tu brillo,
te invito a ponerte en contacto conmigo. (En la contratapa de
este libro están mis direcciones de Internet). Envíame un correo electrónico, llámame o preséntate en persona ante mí y
sólo dime una palabra: *"¡Eureka!"*

Entonces yo sabré que has encontrado y revelado el brillante diamante que eres ¡Tú!

UNA GEMA PARA TI
Cuando dedicas tu energía espiritual, mental y
física a alcanzar algo en lo que crees, la bóveda
interior que contiene tu brillo de diamante
se abre desde dentro.

"CUANDO TE DEDICAS A ALGO EN LO QUE PUEDES USAR TU TALENTO Y QUE AVIVA TU PASIÓN –QUE SURGE DE UNA GRAN NECESIDAD QUE TE SIENTES COMPELIDO POR TU CONCIENCIA A SATISFACER– ALLÍ SE ENCUENTRA TU VOZ, TU LLAMADO, EL CÓDIGO DE TU ALMA."

–DR. STEPHEN COVEY, ESCRITOR

GEMAS PARA TI

- Tu geografía y biografía no determinan tu destino.
- Se necesita de un diamante para cortar un diamante.
- Todo lo que necesitas para ser brillante ya está dentro
  de ti.
- Tu misión universal no es tocar a todos, es tocar a
  alguien.
- Revelas tu brillo más fácilmente cuando operas en el
  área tu inteligencia natural.
- La gente diamante comprende la conexión entre los
  pensamientos, las creencias, las acciones y los
  resultados.
- Tu objetivo es descubrir las "huellas digitales" de la
  naturaleza en tu vida.
- Cuando tus móviles son auténticos, atraes lo que es
  realmente mejor
- Una vez al año, evalúa las ocho facetas de la corona de
  tu vida.

- Cada elección es una oportunidad para realinearte con tu verdad interna.
- La fe es tu confianza en el mañana cuando el hoy es un verdadero caos.
- La intuición es serenidad que supera todo entendimiento.
- ¿Eres un diamante auténtico o un circonio?
- La acción te hace más fuerte.
- ¿Eres rico en amigos pero pobre en relaciones?
- Tememos al mero poder de nuestro brillo, de nuestra luz y al hecho de ser el resplandeciente diamante que estamos destinados a ser.
- Eres el profeta de tu futuro. Usa el lenguaje de la vida para crearte un futuro brillante.
- Los hábitos de gran impacto aceleran el proceso de abrir la bóveda interior y revelar tu brillo.
- Revela tu brillo… sé una vitamina antes que una aspirina para el mundo que te rodea.
- Si quieres expandir tu brillo, expande tu pensamiento.
- Revelar tu brillo consiste en aumentar tu valía, no tu cuenta en el banco, tiene que ver con aumentar tu valor en ti mismo, antes que tu valor en la red.
- Los momentos de la verdad crean impulso, y el impulso conduce a resultados monumentales.
- Todo es posible cuando aceptas que la imposibilidad no es una opción.
- Cuando dedicas tu energía espiritual, mental y física a alcanzar algo en lo que crees, la bóveda interior que contiene tu brillo de diamante se abre desde dentro.

AGRADECIMIENTOS

Quiero agradecer a mi brillante esposa y compañera en todas mis cosas, Renee, por tener paciencia conmigo mientras le daba vida a este libro. Gracias a mis brillantes hijos, Daniel y Madison; ustedes son mis más valiosos diamantes. He sido bendecido al ser vuestro padre.

Dale Cochran, aprecio que hayas abierto una gran puerta para mí. Te estaré agradecido por siempre. Joe DiDomizio y Sara Hinckley, de Hudson Group, gracias por correr el riesgo de presentarme ante HarperCollins. Gracias a Keith Harrell por ser la catalizadora y la conectora para ayudarme a revelar mi brillo.

Jan Miller, Shannon Marven y Cheri Gillis, mi equipo literario en Dupree/Miller, gracias por vuestra sabiduría y guía durante este esfuerzo. Joe Tessitore, Ethan Friedman, George Bick, Angie Lee, Sarah Brown y todos los increíbles diamantes de HarperCollins que hicieron que este proyecto fuera posible, muchas gracias. Desde hoy y hasta la eternidad, los llamaré "Los Brillantes."

Gracias especiales a Diane Sears por ayudarme a descubrir los diamantes. Melissa Monogue, gracias por tu increíble paciencia y genialidad para el diseño gráfico. Juli Baldwin, tú eres mi abrillantadora. Gracias por darme forma y pulirme durante este tedioso proyecto de libro. Nunca me abandonaste. A tu propio modo, sonreíste y seguiste sacando las gemas escondidas y te rehusaste a conformarte con piedras de circonio. Gracias. Simon cree... ¡que eres brillante!

Gracias a mi brillante equipo en The Belief Institute: Melissa Spencer, Michele Lucia, Lisa Long y Carolina Bartholomew.

Finalmente, gracias a mi maestro y entrenador de vida, Dr. Mark Chironna, y a todas las otras personas que han influido profundamente en mi vida: T.D. Jakes, Joseph Garlington, Doug Holladay, Eddie Long, Tudor Bismark, Myles Monroe, Ralph Veerman, Mike Nelson, Mark Victor Hansen, Ken Blanchard, Nido Qubein y Thom Winninger.

REVELA *TU* BRILLO

Visita www.releaseyourbrilliance.com para obtener más ayuda para revelar tu brillo, como, por ejemplo, un e-zine (revista electrónica) gratuito, recursos, ejercicios, consejos prácticos y herramientas, Simon's Brilliance Blog, la Brillianaire Community, Teleseminarios, Videos y entrenamiento.

REVELA EL BRILLO ESCONDIDO
EN TU ORGANIZACIÓN

Descubre lo que Verizon, Microsoft, State Farm, The Hudson Group, Embarq, McDonald's Gartner Group, Wellpoint, Metavante, Blue Cross Blue Shield, Wells Fargo, Kaiser Permanente, Walt Disney Swan & Dolphin Resort, National Black MBA y la Society of Human Resources Management ya saben: ¡una sesión con Simon T. Bailey es realmente una experiencia transformadora! Para obtener más información, visita *www.simontbailey.com* o envía un correo electrónico a info@simontbailey.com